LOCUS

LOCUS

LOCUS

LOCUS

mark

這個系列標記的是一些人、一些事件與活動。

mark 132
跟緬甸火車一起跳舞
作者：周成林
責任編輯：潘乃慧
封面設計：朱疋
校對：呂佳真
出版者：大塊文化出版股份有限公司
台北市10550南京東路四段25號11樓
www.locuspublishing.com
讀者服務專線：0800-006689
TEL：(02)87123898 FAX：(02)87123897
郵撥帳號：18955675 戶名：大塊文化出版股份有限公司
法律顧問：董安丹律師、顧慕堯律師

本書照片皆由作者周成林拍攝

總經銷：大和書報圖書股份有限公司
地址：新北市新莊區五工五路2號
TEL：(02) 89902588 FAX：(02) 22901658
初版一刷：2017年6月

定價：新台幣300元
Printed in Taiwan

跟緬甸火車一起跳舞

周成林——著

Dancing with Burmese Trains

自序

一

二〇一五年八月，即將第二次去緬甸，我為本書〈這個緬甸〉一文的後記加了一段註腳：

時至二〇一五年，緬甸的絕大部分政治犯早已出獄，但是該國的改革進程又有新的倒退。當局仍然不時騷擾、恐嚇和檢控非官方傳媒的從業者。緬甸的穆斯林少數族裔羅興亞人（Rohingya）繼續受到歧視和迫害，基本權利不得保障。二〇一五年十一月八日，緬甸將要舉行全國大選，正式結束持續將近五十年的軍人統治。然而，根據之前軍方支持的國會制定的憲法（這一憲法的修訂，也爲軍方控制的國會否決），因爲兩個兒子持有英國護照，翁山蘇姬領導的全國民主聯盟（ＮＬＤ）即使大獲全勝，她也不可能就任下一屆緬甸總統。出於政治和大選考量，翁山蘇姬也不復舊我，從英勇無畏的民主英雄變成深思熟慮的政壇精英。她對羅興亞穆斯林命運的沉默不語，她對國內激進佛教徒諸多偏執言行的沉默不語，她訪問北京時，公開場合絕口不提中國當局關押的另一位諾貝爾和平獎得主劉曉波，都讓不少人困惑，以至失望。

半年多以後，等我第二次離開緬甸，上面這段話跟現實的出入不是太大。翁山蘇姬領導的全國民主聯盟（NLD）的確不負眾望大獲全勝。因為憲法掣肘，她沒當成緬甸總統，而是出任特意為她設立的新職位「國事顧問」（State Counsellor）；如她所願，實權「超越總統」（above the President）。NLD主導的新政府上台，繼續推行各項改革，西方資本也不斷進入。仰光到處建築樓盤，蘇萊塔附近新開了高聳入雲的蘇萊香格里拉酒店，緬甸有了第一家KFC炸雞店，人頭攢動的翁山市場一旁，外資的百盛（Parkson）購物中心向為數不多的本土中產階級敞開消費主義的懷抱……根據國際傳媒報導，仰光的寫字樓和公寓租金，已經超越相對富裕的曼谷等亞洲大都會。

然而，這只是部分現實。除了軍方要員及其附庸，多數緬甸國民依舊艱難謀生，並未真正得益。離開投資熱點仰光，無論基礎建設還是城鄉風貌，緬甸仍是東南亞乃至全球最貧窮的國家之一。意氣風發的翁山蘇姬和新政府任重道遠，因為國事顧問雖然「超越總統」，退居幕後的緬甸軍方依然不可撼動。不管是旨在結束政府軍和少數族裔武裝衝突的和解談判，還是最終建立三權分立文官治理的民主政體，翁山蘇姬都得顧及軍方的反應和利益。再有，舉世矚目的「緬甸之春」，既讓廣大民眾有了初步的言論自由和其他自由，也讓一度沉寂的民族主義情緒肆意滋長。近幾年，國內的佛教極端主義者不斷發表敵視穆斯林等少數族裔的蠱惑言論，族群衝突或流血事件時有發生。

瀏覽國際傳媒關於緬甸的近期報導，你會發現一個特點：「緬甸之春」不再居於首位，更多則是前幾年世人鮮知的穆斯林少數族裔羅興亞人的遭遇。為數大約一百萬，羅興亞人世代居住在緬甸的若開邦西部，但是長期不被當局視為國民。二〇一二年若開邦爆發的族群衝突，更讓十萬多人流離失所。二〇一六年十月，緬甸當局開始「清剿」羅興亞武裝分子以來，軍警強姦燒殺的消息卻不斷傳出，迄今已有七萬多羅興亞人逃往相鄰的孟加拉。面對國際社會的指責，包括同為諾貝爾和平獎得主的圖圖主教等人的呼籲，翁山蘇姬保持罕有的沉默，當局也不讓國際媒體前往若開邦調查真相。儘管國事顧問和新政府對軍方的影響力有限，這一姿態，尤其是執政黨全國民主聯盟的發言人新近指責虐殺報導誇大，認為事件屬於「內政」，卻讓緬甸當局漸趨開明的國際形象再度打了折扣。

遺憾的是，身為獨立旅行者，資費和行程安排常常捉襟見肘，兩次到緬甸，我都沒能去成偏遠的若開邦，因為來回得坐飛機，加之當局以安全等理由限制外國人前往「敏感」地區（包括仍為少數族裔武裝割據的諸多邊境地帶）。二〇一六年重訪，我在撣邦南部的格勞（Kalaw）遇到兩位年輕的西方旅人，他們很想去若開邦探訪穆斯林難民營，也因路途遙遠，而且擔心當局限制，不敢貿然成行。

儘管羅興亞人這一族群名稱也不為緬甸官方認可（當局稱之為 Bengali，即孟加拉人），在緬甸旅行，羅興亞人一詞，還是不時闖入你的耳膜。在南部的孟眉（Moulmein），薩爾溫江大橋旁塵土飛揚的路邊奶茶鋪，幾個扮相很酷的年輕人跟我搭訕，我問一位黝黑後生是哪個民族，其他幾個擠眉弄眼道：「他是羅興亞人！」顯然，這不是恭維。在更南的土瓦（Dawei），靠近馬來半島，坐在一家中檔餐廳的草坪飯桌旁，我和兩位偶遇的緬甸人聊到夜深。一個是緬族畫家兼導遊，一個是克倫族小商人。說起羅興亞人，念過大學的克倫族激烈否認他們是緬甸人；畫家兼導遊比較溫和，只說 Daw Suu（緬甸人對翁山蘇姬的尊稱）很為難，夾在軍方和反穆斯林的激進佛教徒之間，要給她時間。

第二次去緬甸，我的另一個遺憾，則是沒能見到上過《時代週刊》封面人物的那位曼德勒（Mandalay）中年僧人維拉圖（Wirathu），聽他發表針對相較平和的緬甸穆斯林的敵視言論。間隔不過一個月，兩次騎單車去到維拉圖駐錫的曼德勒遠郊寺院，我都失望而歸。第一次，我在寬廣寺院閒逛，端詳那尊酷似倫敦大笨鐘的怪異鐘樓，審視維拉圖居處門外那幅看板，圖文並茂，緬英雙語，展示 ISIS 等伊斯蘭極端主義組織的恐怖暴行（擺在一座佛寺，比那尊鐘樓還要怪異）。第二次，我登堂入室說明來意，卻因沒請翻譯不獲接見，因為他的隨從用極為基本的英語告訴我，維拉圖不會英語，身邊也沒懂英語的人。也許，這就是一個獨立作家兼獨立旅行者的尷尬，不僅財力和「背景」有限，還需更多歷練。

二

旅行是本書一大主題，作者寫到的，當然不單限於緬甸，也包括近幾年走過的印度、尼泊爾和柬埔寨等國。但我無意也無能為讀者諸君奉上觀光線路和名勝攻略（個人以為，天下並無必看不可的風景，只有你想不想去的地方，譬如在印度旅行，我就一直避開可看可不看的泰姬瑪哈陵，反而去了門可羅雀的尼赫魯故居和世象奇異的伊斯蘭蘇菲派某位聖徒之墓），而是欲借旅行這一主軸，盡可能從歷史與現實的交織點切入，觀照所到國度的社會變遷與諸多現狀：這也是我現在旅行的首要目的。

這當然不是一件容易的事情，因為你不可能通諳所到每一國度的語言，也不可能有四通八達的各類「資源」讓你很快熟知當地（尤其對於不依附大牌媒體機構的獨立旅行者）。反過來講，個人的眼光，卻是我心目中的旅行之最佳「配置」，因為你要的，不是追趕時效的新聞報導或枯燥乏味的政經解析，也不是給扶老攜幼歡喜出遊的大型觀光購物團做前期踩點。身為作家，旅行途中，你的所見所聞所思，都是天然絕妙的寫作素材；把旅行和寫作結合在一起，更是我長久以來一大夢想。

但我並非遊歷豐富經驗老到的旅行家。旅行於我，仍是學藝。多年前，我在葡萄牙管治的澳門居留五年，也去過日本等地，後來又在雲南大理住過兩年，但是本書第一篇長文〈這個緬甸〉，才是我在中國以外第一次真正旅行的結晶。在這之前，我寫過一些在中國旅行的文字，它們可謂本書的「熱身」。得益於這些年我讀過的西方旅行作家（包括寫到旅行的作家），從較早的福樓拜、毛姆、諾曼．劉易斯（Norman Lewis）、格雷安．葛林（Graham Greene）、彼得．梅恩（Peter Mayne）到當代的布魯斯．查特文（Bruce Chatwin）、保羅．索魯（Paul Theroux）、奈波爾（V. S. Naipaul）、威廉．達爾林普（William Dalrymple）、派屈克．佛蘭區（Patrick French）等等，我想讓自己筆下的旅行向這些同行看齊，因為他們的眼光，不論所見或大或小，正是前面我說到的個人眼光，或者，說得更專業，有著寬廣視野的作家之獨立眼光。

然而，對於普通人，除了商務一類出差，旅行（包括旅遊）的確也有不同或交叉類別：度假、覽勝、購物、探險、野營、蜜月、消遣，乃至拿著失業救濟金的先進國家公民滿世界晃蕩，所謂global trotter（環球旅行者）。我的旅行已如上述，更多是為寫作。出於個人興趣或偏執，我對常人避之唯恐不及的問題或「落後」國度的興趣，遠遠大於多數人趨之若鶩的瑕不掩瑜之先進國度，因為前者給你更多精彩獨到的素材，所謂報憂不報喜，也正是這個意思。這麼說，並非等於把旅行和寫作的樂趣建基在他人的痛苦之上（英文的確也有slumming〔訪問貧民窟〕一字），而是問題和「落後」更需關注乃至關懷，自己也更擅長從中尋覓題材。如果我能自由選擇，前往旅行和寫作都能挑戰極限的地方，阿富汗和厄立垂亞這類國家，可能會是我的首選。

只是，且不說旅行所需的物資儲備，對於一個第三世界專制國度的窮作家（中國即使步入「盛世」，諸多民生指標仍屬發展中國家，中國護照的簽證自由度更是國際排名居後），既不投靠官方機構，也不依附官商合謀的各類文化團體，旅行卻有更多限制，不比開放社會的自由公民一本護照暢行天下。我的旅行，只能像苦心經營的小本買賣人，做一單生意，算一單生意。

即使如此，你也可以因地制宜，哪怕來自第三世界，去的地方多半也屬第三世界，同樣可以給你文化衝擊，讓你有所對比（譬如，我就覺得緬甸的VIP長途巴士比中國的同類汽車舒適人道；一度同屬獨裁體制，篤信佛教更加貧窮的緬甸民眾，普遍也比相對富足的中國民眾樂於助人）；尤其是在全球化和氣候變遷的今天，所謂落後國度經歷的劇烈震盪前所未有，很有可能，過些年重訪，我寫到的仰光就會面目全非，就像過去一百年，巴黎依然是巴黎，但北京早已不是北京。

旅行也有諸多局限，我在本書〈這個緬甸〉的後記中寫道：「不同於長居某處，旅行要義在於流動。這個流動過程，讓你不斷遇到人和事。它們難免浮淺，但是好比一幅拼圖，讓你慢慢看到整體。旅行也是暫時忘掉自我的最佳方式……旅行也有悖論：做外國人總是比做本國人容易。不論動身之前讀過多少相關論著，你看到的另一個國度，總是隔了一層玻璃。」

但是經驗稍多，我已不再滿足於躁動症一般不停流動的旅行，也不安於做一個旁觀的外國人。今後不管去哪裡，我更希望自己能像已故的英國作家彼得·梅恩那般：上個世紀中葉，印、巴分治後，他辭去巴基斯坦政府的職位，移居北非的摩洛哥，住進普通民居，學習阿拉伯語，跟本地人打成一片。梅恩後來在《馬拉喀什一年》（*A Year in Marrakesh*）中寫道，自己騎著單車，頂著烈日在舊城兜圈，乃是為了吸收它的形狀、聲音和氣味，「這要好多個月，然後我會突然擁有這個地方。它會成為我的——或者，不管怎樣，我會成為它的一部分，兩者沒有區別」。

二〇一七年三月二十六日

目錄

這個緬甸

開場白

緬甸在變。在仰光三十七街小小的蒲甘書店（Bagan Book House），你幾乎找得到所有關於緬甸的英文書，從撣邦歷史孟邦（Mon State）歷史到英國人廢黜的熱寶王朝，從蒲甘的興衰到極其怪異的新首都內比都，從翁山蘇姬到不受歡迎的丹瑞將軍，從西方人寫的緬甸遊記到緬甸女作家用英文寫的緬甸遊記……「沒錯，影印本占多數，但誰在乎。」我告訴店內偶遇的一位六十開外的美國攝影師；我們聊起書架上幾本讀過的傳記、遊記和地緣政治論著，如逢知己。

蒲甘書店的老闆是位矮胖的中年人，和善，卻又不乏生意人的精明。五天前初次光顧，我買了兩本影印的英文書，議價時，他一臉苦相：「Don't make my cry.」這一次，我指著幾本從前的禁書對老闆說：「三年前，這些都不可能。」「兩年前。」他糾正我。「從前只能藏起來。」最後一次光顧，我買了英國人喬治・史考特（George Scott）寫的《緬甸人的生活與觀念》（*The Burman: His Life and Notions*），作者是十九世紀典型的帝國主義者，化名 Shway Yoe（緬甸人名），撰成這本至今流傳的小範圍經典。見我選了這本書，美國攝影師恍然大悟：他讀過我正在讀的那本關於史考特的書：「哈，Shway Yoe 原來就是 Scott。」一下賣出兩冊，書店老闆給了我們折扣：每本便宜一千緬幣。「謝謝。」老闆接過錢，像幾乎所有緬甸平民一樣客氣。

在仰光郊外髒亂昏暗的昂敏加拉爾（Aung Mingalar）汽車站，我坐在露天茶室，喝著一罐越南產的可口可樂，等著開往曼德勒的夜車。鄰桌坐了幾個緬甸年輕人和一個嬉皮裝扮的美國黑人。其中一位緬甸後生英語講得流利。他說美國黑人是他姻親。我說外國人從陸路進入緬甸依舊困難而且昂貴。「會變的。我們現在有了民主。會變的。」緬甸後生信心滿滿，我忍著沒說這個民主還不是真正民主，路還很長，哪怕現有改變是個良好開端，就像二〇一三年一月最後一期英文版《緬甸時報》（*The Myanmar Times*）的頭條新聞，講到新聞審查取消後自由記者面臨的挑戰：報導政府軍和少數族裔的武裝衝突不再犯禁，記者也不再因此受到當局恐嚇，但是難在從各類傳聞之中找出真相。同一期報紙的文化版還有一篇報導，導演 U Anthony 要拍一部電影，主人公是一名十六歲的高中女生 Ma Win

Maw Oo，一九八八年的民主運動之中死在軍政府的槍下。二十多年來，當局不斷恐嚇死者父母，甚至在死者祭日阻止僧人到家中接受布施。而今，父母終於可以公開紀念女兒，這部四月開拍、九月十九日（死者忌日）上映的電影，也將以家人的紀念作為最後一幕。

不是所有人都信心滿滿。在撣邦南部的格勞，一位退休的印裔老者告訴我，他做過政府部門打字員，每月退休金只有四千緬幣（不足五美元）。「夠什麼？」老頭歎道。他現在幫ＮＧＯ（非政府組織）做項目掙外快，兒子則在香港做事。我說我喜歡格勞遍山松林、清新安寧。他撇撇嘴，有些不屑：「從前更好。現在滿街中國摩托車。很吵。一輛只要三、四百美金。材料廉價。」在曼德勒山腳的露天茶室，一位印裔計程車司機，黑瘦，五十來歲，坐著在喝可樂。「緬甸人現在很懶。他們不想做事，只想享樂。」計程車司機有些忿然。在蒲甘，一座荒蕪小廟近旁的洋槐樹下，十三歲的莫莫（Momo），領我去看小廟後面她的家：祖孫三代八人同居的竹棚。莫莫告訴我，她十七歲的姐姐不時要去鄰村幫人洗衣，一天只賺五百緬幣（權作對比：一瓶純淨水在緬甸通常要賣三百緬幣）。

等我第三次回到仰光，載我到仰光機場的司機也開了一輛廉價的中國車。仰光郊外綠蔭宜人。車過大學路，我脫口而出：「翁山蘇姬就住這條路。」「對。就往左。你去看過？」「沒。又進不去。現在也沒集會。」沉默片刻，年輕計程車司機說：「我不知道接下來會發生什麼。」接下來會發生什麼？一夜之間，全世界，尤其富裕國家的遊客和旅行者，似乎都湧來緬甸。不只一次，我告訴這趟旅行遇到的諸多西方旅伴：前幾年來緬甸或許太早，過幾年又怕太遲，現在來，或許正是時候。

一

飛機晚點了。我到仰光已是薄暮。機窗下，不再是一片雲南的紅褐，綠色叢林點綴著金色佛塔和瓦楞鐵屋頂的平房，大小不等的水塘與河湖，泛著雲影的稻田，豬腸一樣細窄的公路，火柴盒一樣的零星車輛。「這個國家看上去很多農田嘛！怎麼會窮呢？」坐在後排的中國鄉下人用西南口音告訴同伴，滿腦袋當代中國式的不解。

仰光機場就像昆明機場一樣現代，男廁的小便池放著防臭的綠色衛生丸，足以讓你產生幻覺，以為自己來到一個中等發達的國家。帶著不容置疑的堅決，一美元也不退讓，我告訴中年印裔計程車司機要去市中心獨立紀念碑附近某家旅店。仰光沒我想像的熱，或許我在靠近熱帶的澳門住過多年，回到南國反而令我興奮。「你從哪來？」計程車司機問。這個問題就像日常問候，我隨後天天都會遇到，也很快因為自己的國籍和提問者的沉默而尷尬，不得不隨機改變自己的身分。但是初來乍到，報上國籍，我還察覺不出計程車司機的不置可否。

我要投宿的旅店只剩二十四美元一晚的雙人房。無暇細看仰光鬧市滿街小販遍地吃喝，我在獨立紀念碑和蘇萊塔附近找到棲所：三美元一夜的地鋪，最後一個空位。客棧位於衰敗的殖民時代磚樓第三層，地鋪則在閣樓，四人同居，鄰鋪都是白人男女，兩台電扇一高一低吹著熱風，窗外則是車水馬龍的摩訶班都拉大街（Mahabandoola Road），殘破的仰光巴士，日本淘汰的舊車，車尾的發動機蓋掀起，賽車一般呼嘯而過。一名豐滿的金髮妹跟我一樣剛到，也跟我一樣，總算找到廉價住處。「三美元。還想怎樣？況且我帶了耳塞。」「我也帶了。」她笑道。下到逼仄前台，客棧兩名小廝，來自仰光附近的勃固（Pegu），纏著紗籠，臉上塗著清涼的特納卡（Thanakha），正跟一名上身赤裸圍著浴巾的印度住客講笑。「這是什麼？」中年印度人板起臉，指著小廝臉上的特納卡，自問自答。「你就像非洲人！」

「你是日本人？」一名小廝問我。我笑著搖頭，但他認定我是日本人。兩個小廝跟我講起歪歪扭扭的日語：空巴哇。阿裡嘎多歌紮依馬西達。哦哈喲……

客棧隔壁就是一家啤酒屋，臨著小街，斜對蘇萊塔。這類啤酒屋，通常只有男人光顧，緬式英語叫作Beer Station，聽來堂皇，實則酒吧的替代物（你在緬甸很少見到真正的酒吧），除了酒，還賣佐酒小食和簡單飯菜。我坐在啤酒屋，喝著一杯緬甸生啤，鄰桌的中年男子在喝一小瓶緬甸威士忌，不時對我微笑，露出檳榔汁染紅的牙齒。身後，一台液晶電視懸在半空，播著一場官式慶典：體育場內，軍樂隊走著隊列奏著軍樂，看台上的男女衣冠楚楚。鏡頭單調，只在軍樂隊和觀眾之間緩慢切換。

「內比都？」我問鄰桌（內比都是緬甸的新首都）。

「內比都。」他點點頭，幾乎講不了英語。他長得不好看，甚至有點「樣衰」，讓你想到書中讀到的官方密探，幾年前遍布該國茶室與啤酒屋，偷聽食客閒談，舉報「不軌」言論。對當局的任何公開不滿都會引來麻煩，哪怕幾句調侃。上個世紀九〇年代，一位著名的緬甸喜劇演員講了一個笑話，說自己買了一台彩色電視，搬回家發現彩色電視只有兩種顏色：綠色和橙色（綠色是軍人，橙色是僧人）。他諷刺電視裡將軍向僧人捐贈財物積累功德的「善舉」沒完沒了。表演結束，這名演員被捕，在仰光北郊的永盛監獄待了五年。

「嗯！」「密探」一臉通紅，啞巴一樣發聲，把一小碟炒蠶豆遞到我面前，要我嘗嘗。斜對一桌來了幾個印裔緬甸人，說著，笑著，其中一人，厚厚一疊緬幣用橡皮筋捆紮，通貨膨脹一般，別在圍著紗籠的腰間。見你張望，對方也會回望，微笑，點頭，哈囉，沒有我來的國度那些國民的目光躲閃表情僵硬。等我吃完一碗湯麵，灌完三杯生啤，「密探」也搖搖晃晃，徑直買單走人，沒有道別，彷彿真的是個趕著回去交差的密探。

不到九點，仰光已經打著呵欠。蘇萊塔旁的摩訶班都拉大街路燈昏暗，商店十門九閉，街邊發電機轟鳴。殘破的大小巴士猛然煞到路旁，車上負責收錢的男子，長臂猿一般，半身懸出門外，高聲兜著最後的生意。然而人未散盡，每條窄巷的巷口，都是印度人的露天食檔、檳榔攤和菸攤（我的住處靠近印度人社區）。廢墟一樣的街道，凹凸不平，危機四伏。

我在街邊一處還算明亮的冷飲攤坐下，喝著雪糕、草莓和小粒果凍混合的泡露達，研究電子版的旅行指南。冷飲攤的主人，一位將近六十的瘦小男子，突然湊近，友好、怯生，指著Kindle用英語問我：「這是什麼？」

「這是電子書。」

「這是什麼？」他指向我放在桌上包裝精巧的小包紙巾，來自另一世界。

「這是紙巾。」內心惻然，我翻出電子書中翁山蘇姬最新傳記的封面照片給他看。他咧著嘴笑，像個憨厚的老農。

仰光是個廢都。如果沒有殘暴、仇外、自閉和偽善的緬甸軍人政權，如果沒有將近半個世紀的與世隔絕和高壓統治，仰光，曾經擁有遠東最好的大學和最大的百貨公司，也是二戰後亞洲最早一個新生民主國家的首都，大概會是另一個曼谷、新加坡或香港。殖民時代的遺產，大英帝國的傲慢或榮光，你從仰光舊城那些恢宏建築還能追回幾絲餘緒。「仰光，即使暫時衰落，依舊格局威嚴。它由一個不向東方妥協的民族建造，街道寬闊、筆直、沒有遮蔭，很多銀行一般的結實建築，靈感大致來自希臘。」上個世紀五〇年代，英國作家諾曼·劉易斯這樣寫道，不無樂觀。然而很有可能，劉易斯並未讀到，十九世紀七〇年代，他的同胞喬治·史考特初到仰光，發現這個城市不僅終年濕熱，各種熱帶疾病蔓延，街頭亂竄的惡狗也對英國人極不友好：「東方的狗都瘋狂敵視白人。」劉易斯時代的仰光，依舊滿街垃圾臭不可聞，但他覺得緬甸人過得快樂而沉思：「不為周遭腐爛的垃圾堆而動，他們置身陽光下，整潔而安詳。緬甸人肯定是世上穿得最好的人。」

上午九點，走在仰光街頭，暑熱慢慢驅散曇花一現的清涼。街邊漸漸匯聚各式營生：服裝鞋帽、五金百貨、書刊文具、露天茶室、葷素飯菜、清涼飲品、盜版影音、手機風扇、彩票命理、蔬果鮮花、托缽僧人、托缽尼姑、三輪車夫、換外幣的印度人、塗了一臉清涼的特納卡彷彿女巫的中年婦人，頭頂大盤碗碟小食，她的謀生工具，似乎都在頂上。檳榔攤五步一哨、十步一崗：仰光每天都在趕集，每天都不缺地攤。各種氣味混雜：方頭雪茄、檳榔、魚湯粉（mohinga），油炸小食、炒麵、茉莉花、甜膩的奶茶、甜膩的緬式 coffee mix、殘破巴士的黑煙……

與世隔絕將近半個世紀，東方的狗不再瘋狂敵視白人，牠們懶洋洋躺在地上，彷彿後殖民時代的犬儒派智者。上百年過去，大街已有大樹遮蔭，豎巷依然無樹。仰光的人行道，除了吐得滿地的檳榔汁，就像震後災區，隨處可見碎裂的大塊三合土和小塊地磚，東一個坑，西一個窪。下水道的蓋子，從木質到鐵製，像在保存不同年代的記憶。殖民時代的舊樓外牆，除了政府部占據的大廈抹了一層白色、藍色或綠色塗料，很多就像痲瘋病人的臉。烏鴉在大樹和電線周遭盤旋鳴叫，商店播著僧人誦經。

幾年前，美國作家保羅．索魯重來仰光，發現這個城市就像作家本人一樣，更衰老、更倦怠。索魯重訪那年，「緬甸之春」尚未吹拂。可你現在看到的，不是滿街士兵，而是滿街新舊汽車，還有褐色面孔之中不時出現的白色面孔（西方遊客似乎蜂擁而來），士兵已經縮回郊外軍營，但誰也不知道會不會捲土重來；「緬甸之春」仍是初春。蘇萊塔旁，代理機票承辦旅遊的小店門外，擺了一大幅美國總統歐巴馬前一陣子訪問仰光的照片。見我張望，六十來歲的斯文老闆出來寒暄。我說不管怎樣，這令人鼓舞：「緬甸在變。」「但願如此。」他說。

端詳那些外觀依舊氣派的殖民時代大廈，柱廊、穹頂、紅磚、塔樓、露台、浮雕、三角牆、法國窗戶，都鐸式的自命不凡，你除了佩服英國人捨平房就磚樓不顧熱帶水土的建築偏執，你也覺得悲哀。它們的名稱新舊交替：市政廳、移民局、浸禮會教堂、高等法院、內河運輸大樓、海關大樓、低等法院、電報大樓、緬甸港務局……除了外牆粉刷，除了角色轉換，這些大廈的內裡，彷彿依然是十九世紀的殖民官衙或商行，只是更殘舊、更落伍，更像一歷史劇的完美外景。商人街（Merchant Street）的印度大使館旁，一幢舊樓門外有警察把守，大概政府什麼部門，一樓完全閒置，空曠大廳破爛不堪，就像遭人洗劫。天主教的聖瑪麗大教堂附近，一幢占地廣闊、氣勢宏偉的紅磚大樓猶如廢墟，窗戶零落，空地野草（作者註：這幢大樓曾是英屬緬甸的殖民政府所在。一九四七年，緬甸國父翁山將軍就在這裡遇刺）。不論是否閒置，這些大樓就像兩次遭人拋棄的怨婦，第一次被英國人拋棄，第二次被緬甸當局占有卻又橫遭冷落，不得不習慣忍氣吞聲，垂垂老矣。

在班索丹街（Pansodan Street），看到一幢舊樓門內人聲鼎沸，櫃台有如老式電報局，我踱上門前台階，想要看個究竟。

「No! No! No!」一個中年女人突然竄出，白色上衣素色紗籠別著胸章，擺著一隻手，厲聲叫道。

「哦，我只想看看。」我還不知趣。

「No. No. No.」女人很緊張，很焦慮，很堅決，彷彿將有大難，雖然聲線降低。

退下台階，抬頭一望，我看到門上旗杆懸著一面緬甸國旗。又是什麼政府部門。外國人不得入內，哪怕只是探頭探腦。

回頭再望，女人還在看我，她的圓潤面孔，勉強擠出一絲笑容。

略感沮喪，我踱進仰光河邊濱河路（Strand Road）的濱河飯店（Strand Hotel）：吉卜林、毛姆和歐威爾住過的酒店，一九〇一年開張，現由一家國際酒店集團經營。大堂幽黯，老式吊扇轉得慵懶。除了酒店職員和服務生，除了一樓畫廊一眾緬甸學生對著美元標價的畫作悄聲議論，填著評估表格（他們像是前來觀摩的藝術系學生），這裡沒有緬甸平民。濱河飯店現在的一夜房價大概五百至一千美元，這是另一個世界，雖然幾步之遙就是讓你目眩的露天市集，或如毛姆所寫：「從港口旁邊往下順河走，是狹窄街道與迷宮般交錯的小巷；這邊住了很多中國人，那邊則是緬甸人。」

為了不虛此行，我在飯店空無一人的酒吧坐下，叫了一杯緬甸產的 Dagon 生啤（時近正午，不是讓人讚賞的選擇）。柚木牆裙和酒紅皮椅泛著幽光，桌旁牆角立著老式的落地黃銅菸缸。我翻著酒吧擺設的舊緬甸相簿：蒲甘的佛塔、伊洛瓦底的汽船、二戰末期毀於一場大火的曼德勒皇宮。這座皇宮一九九〇年代末期重建，我在另一本書中看過一張緬甸囚犯在給遊客大道鋪路的照片。我決定，到了曼德勒，不去瞻仰這個假古董。

我把仰光大金塔留到黃昏。頂著烈日從仰光鬧市走到那裡需要一點勇氣，卻亦不乏意外收穫，這是幾乎人手一冊的旅行指南給不了你的。距離大金塔南門大約兩、三分鐘，道路左旁，一人高的小土坡上，我看到幾座不顯眼的紀念式建築。路旁正好歇了一輛計程車。司機告訴我，其中就有翁山蘇姬母親的陵墓。

我還記得數月前讀的翁山蘇姬傳記。她的母親病逝於一九八八年十二月，正是緬甸當局血腥鎮壓民主運動之後的黑暗日子。十萬人頭頂豔陽走上街頭，為緬甸國父翁山將軍的遺孀送葬；纏著紅色臂套的學生維持秩序，唱著反政府歌曲，舞著新成立的反對黨全國民主聯盟的旗幟。或許因為翁山蘇姬事前呼籲，葬禮並未導致另一場流血。二十多年後，這裡異常寧靜。縱橫交錯的灰色石柱環繞陵墓，鏽蝕鐵欄圍住石棺，上面刻著幾行緬文，石棺後方擺了一束鮮花。緬甸的另一驕傲、第三任聯合國祕書長吳丹的陵墓也在一旁。

見我有興趣，路旁檳榔攤兼菸攤的主人把我帶到鏤空花紋的白色門窗前，掏出鑰匙開門。裡面異常簡單，四壁鏤著藍色花紋、套著黃色外框，石棺後面的牆上掛了一幅吳丹畫像，右下方擺了一盆長青植物，插了一張字條：現任聯合國祕書長潘基文及其夫人的致敬。如同翁山遺孀，吳丹也不受緬甸軍人政權青睞。一九七四年病逝紐約，他的遺體運回仰光備受簡慢，前來接機的只有軍政府的教育部副部長（吳丹從前的學生）。內閣會議上，這位弟子提議把葬禮之日定為全國法定假日，卻遭當場解職。葬禮當天，成千上萬學生把靈柩劫持到仰光大學，拒絕把吳丹葬入小小的私家墓地。當局妥協，同意舉行公開葬禮但非國葬，可是靈柩前往大金塔旁的安葬地時，又被學生第二次劫持。經過短暫對峙和血腥鎮壓，當局奪回靈柩，這位彼時緬甸最具國際影響的政治家，終得入土。

大金塔，這裡供奉佛陀的八根頭髮。傳說中，大金塔的由來起碼兩千五百年，現有建築實則始於十八世紀中葉。但它不再神祕：看圖說話的旅遊書中，它是常客。這類速食讀物，書名總離不開「一生中非去不可的一百個地方」（有的比較低調，只列出非去不可的五十個地方），令你想到每天不乏走光露點的小報標題，專門撩撥無聊師奶和沉悶中產的享樂神經。得力於各種現代傳媒、網路和智慧手機，影像早已謀殺現代人的一切想像力。你走到大金塔，腦中預存的圖像和現實重疊，沒有驚喜，只覺得它應該如此。到處耀眼金黃，佛像閃著七彩電光。緬甸人盤腿而坐，對著大小佛塔祈禱，外國人東張西望。

「跟我來。我帶你看看。」我剛踱進南門內的佛殿，一個年輕僧人迎面而來，語氣沉穩，不容拒絕。

他講英語，從左到右，帶我繞著大金塔足足走了兩圈。如果沒他，我可能不知道那口著名大鐘在殖民時代的遭遇（大金塔的各個「景點」幾乎沒有英文說明），也不知道旁邊一座佛堂有佛陀的石頭腳印（緬甸人用小勺舀著腳印裡的水來喝），更不知道站在兩個神祕的僻靜地點眺望，大金塔頂的寶石會有不同顏色（走到其中一處，我看到另一名僧人帶著幾個白人，正在欣賞寶石）。

他二十來歲，在這裡已有四年，練了一、兩年冥想，將來打算教人冥想。

「你從哪來？」我們走了好一陣，他才問起。

我如實道來。他很意外，做了個鬼臉，伸伸舌頭，什麼也沒說。我有些尷尬。

「我想看看翁山蘇姬一九八八年第一次公開演講的地方。」我讀過這篇演講的英文稿。她呼籲民眾團結，要求當局實行民主。

年輕僧人把我帶到西邊一處空地，一副四腳鐵架撐著綠色頂棚。

「就是這裡。」

我拍了一張照，告訴他盧貝松（Luc Besson）的電影《以愛之名：翁山蘇姬》（*The*

Lady）再現了當年場景。

「你對政治很感興趣。」僧人說。

我們走進一個展覽室，牆上都是大金塔不同時期的圖片。僧人指著一張照片，一眾軍人正在參觀什麼展覽。

「這是丹瑞將軍。」他說的，是前軍人政權首腦丹瑞。

「哦。我知道。他退休了。」

「緬甸人都不喜歡他。聽說現在病得很重。」

然後，他問我是不是佛教徒。我說我沒宗教信仰，但對佛教有興趣。

「你做過冥想嗎？」

「沒。也許下次來緬甸我會試試。」

「我帶你去看我每天冥想的地方。」

他領我進到一個僻靜佛堂，除了我倆，只有一尊佛像。他每晚都在這裡冥想兩個小時。

「我很窮，但我現在要給佛獻供。」僧人壓低嗓音，掏出一張面額最大的五千緬幣，塞進佛像基座淺淺的空隙。我開始不安。

「你也給佛獻供吧。」他的語氣不容拒絕。

我從錢包掏出一千緬幣（參觀大金塔，外國人要買五美元或五千緬幣的門票，我已經付了五千緬幣）。

「這不夠。你看我……」僧人有些著急。

「不。我覺得夠了。」

「好吧。」他不再堅持，把我獻給佛陀的一千緬幣塞進佛像基座淺淺的空隙。

「我們祈禱吧。」一面朝佛像，他雙手合十，我也雙手合十。

年輕僧人把我送到佛堂門口。跟他道完謝，我決定獨自一人不發一言繞著大金塔再走一圈：大鐘、腳印和寶石並不重要。但我還沒轉身，他已回到佛堂：我們獻給佛陀的禮物，當然由他保管。

客棧兩名小廝繼續認定我是日本人，繼續跟我講著那幾句歪歪扭扭的日語。我在雲南已經曬得很黑，緬甸的豔陽很快把我曬得更黑。走在街頭，踏進餐館或商店，不時有人用緬甸話跟我搭訕，雖然很快發現此人原來非我族類。坐渡輪到仰光河對岸的達拉（Dalah），外國人必須單獨買票。我跟碼頭偶遇的一個義大利女人結伴前往，售票處職員差點把我當成緬甸地陪：「纏上一條紗籠，換上一雙拖鞋，你就是緬甸人。」我很受用這句話，笑著抗議把我當成外國人。我無所謂祖國。我在心理上文化上距離當代中國漸行漸遠。

一天早晨，我坐在客棧門外的發電機旁，一名三十來歲的亞洲人，也是客棧住客，坐到我的對面。幾句寒暄，原來他是日本人。

「你從哪來？」他問。

「香港。」我開始改變自己的身分。

「沒去過。但我在上海待過。」

「喜歡嗎？」

「我在上海遇到反日遊行，被人腳踢。」

「……」

「我喜歡中國，也有很多中國朋友。但是住在中國很難。」

「Very sad.」我說。

雖然情形有別，日本人在上海的遭遇卻讓我想到自己。在仰光不過幾天，我已感覺緬甸平民對中國的不置可否。或許出於禮貌，他們的不滿和敵意並未當面表露。來緬甸前，我在保羅．索魯的書中讀到一位緬甸三輪車夫的話：「百分之八十五的人反對政府。另外百分之十五是政府親信。還有中國人。」

這位三輪車夫說到的中國人，當然只是緬甸華僑。然而，近年來，北京堪稱緬甸當局最大的支持者和輸血者。兩個政權都長期依靠武力和高壓維持所謂安定，都不乏惡劣的人權記錄，都曾相繼血腥鎮壓本國的民主運動；兩個國家的諾貝爾和平獎得主，翁山蘇姬和劉曉波，也曾或者依然失去自由。就這一點，兩個獨裁政權沒有本質區別。

我為自己無力改變的中國國籍而尷尬。為了盡可能避免這一尷尬，也為了聽到普通緬甸人對中國的真實看法，我決定，除非遇到必須出示護照的場合，我要隱瞞自己的身分。

二

凌晨六點半，我第一次坐上仰光巴士：我得趕到遠郊的昂敏加拉爾汽車站，從那裡坐長途車去緬甸第三大城毛淡棉。

這麼早，停在市政廳旁的四十三路巴士已經很擠，沒座位。我還來不及把大小背包在過道上放好，日本淘汰的巴士猛然一抽，車窗一陣亂晃，車開了。沒開多遠，又是猛然一抽，煞到路邊上客。

乘客開始買票。我也準備掏出小背包裡的錢包。三百緬幣。將近一個小時車程。遠得荒謬。搭計程車起碼六千緬幣。但是巴士舉止無常彷彿精神病人，搖晃抽動，涼風不斷，我很快噁心頭暈。趁著沿途上下客的短暫空隙，我靠著過道上的大背包，剛一拉開小背包的拉鍊，巴士飆車一般立刻又竄出老遠，我只得像個無助老朽，一手扶著身旁椅背保持平衡。廝扯一陣，我不得不認輸。收錢的緬甸人已經擠到我的近旁。不理他。到了站再給吧。

一個瘦臉白人一直坐在車廂中段我的身旁。除了我和他，車裡都是緬甸人。他二十出頭，沒行李，不像出門旅行，更像在此長住。他不時看我，尤其在我狼狽不堪之時：我肯定一臉驚慌，就像準備不足的考生面對不知所云的考卷。

收錢的緬甸人終於擠到我的身後，沒有催我買票，而是擠向車尾。引擎轟鳴，車窗亂晃，我看到年輕白人買了票。「把包給我吧。」他突然說，或者我感覺他的嘴這麼動。我把小背包遞給他，年輕白人把它抱在膝上，似乎知道裡面物品事關身家性命。我總算可以兩手抓住頭頂欄杆。

「你去哪？」

「我去毛淡棉。」這是我們僅有的對話。過了十來分鐘，他要下車了，把包還給我，讓我坐到他的位置。

「我幫你買了票。」他的嘴這麼動著。

「啊！太感謝了！我給你錢……」

「不用了。」他笑著擺擺手，走下殘舊車門，走進日出前仰光郊外短暫的清涼。

「In Moulmein, in Lower Burma, I was hated by large numbers of people.」歐威爾的散文〈殺象〉（Shooting An Elephant）如此開篇。然而，把這句簡樸驚心的英文譯成中文有個小小的難題，不單事關音調之美。

Moulmein，是緬甸第三大城毛淡棉在殖民時代的名稱，依照發音，譯成中文，大致該是孟眉，而非緬甸政權「去殖民化」改稱的毛淡棉（Mawlamyine 或 Mawlamyaing），英文讀來尤其詰屈聱牙。殖民主義，很多時候的確就像歐威爾所說，是個惡魔，但也不等於 Mawlamyine 就好過 Moulmein。上個世紀中葉，殖民帝國分崩離析，很多後起的亞、非、拉獨裁政權，並未勝過甚至壞過從前的殖民統治。這些新政權的品味，哪怕僅從語言學的角度來看，也往往不如從前的外來統治者。

緬甸就是現成例子，譬如軍人政權一九九八年啟用的新國名 Myanmar，難道就比國際社會一直通用的 Burma 更能喚起所謂民族自豪感（用翁山蘇姬的話說，這個新國名從未徵詢國民意見）？我沒興趣去找奧威爾這篇散文的簡體中譯來讀，但我可以斷言，帶著咬文嚼字的偏執，「在毛淡棉，在下緬甸，我被一大幫人憎恨」，肯定沒有「在孟眉，在下緬甸，我被一大幫人憎恨」讀來更忠於奧威爾的原文。

孟眉，或者毛淡棉，現為孟邦首府。中國地圖出版社的《世界分國地圖：緬甸》（我買這份地圖，並非因為地圖背面的文字介紹「政治正確」，而是純為參考中文地名），這樣解釋毛淡棉的由來：「傳說釋迦牟尼曾在此遊歷休息，『毛』即疲倦的意思。」英文維基百科的解釋卻有出入：在孟語中，毛淡棉意為「受傷的眼睛」，傳說一位孟族國王在此弄壞了自己的眼睛。第一次英緬戰爭之後，從一八二六年到一八五二年（仰光於該年落入英國人手中），孟眉做了二十多年的英屬緬甸首都。詩人吉卜林只在孟眉住過三天，但他留下一首至今傳誦的名篇〈曼德勒〉。英文世界的讀者，翻開關於孟眉的介紹，似乎都會撞到這段優美詩句：

By the old Moulmein Pagoda, lookin' lazy at the sea,
There's a Burma girl a-settin', and I know she thinks o' me;
For the wind is in the palm-trees, and the temple-bells they say:

"Come you back, you British soldier; come you back to Mandalay!"

孟眉舊塔旁，懶懶望著海，
一位緬甸姑娘想起我來；
風過棕櫚，寺鐘切切：
「回來吧，英國軍人；回到曼德勒！」

吉卜林從未到過曼德勒，但他筆下的孟眉，似乎依然故我。薩爾溫江在此匯入大海。江面寬廣，水流平緩，跟我去年（二〇一二年）在雲南看到的上游怒江有天壤之別。孟眉周圍小山蒼翠，海拔大約兩、三百米，山頂棕櫚樹間，點綴不少金色佛塔。我到孟眉正是午後。豔陽高照，除了偶爾駛過的摩托車和不多的行人，這座殖民故都一派靜謐慵懶。離開每天都在趕集的仰光，孟眉就像熱風習習的天堂。微風客棧（Breeze Guest House），一樓一底的殖民時代別墅，外牆塗成藍色，窗戶和陽台柱欄漆成白色，屋頂則是鏽成紅色的瓦楞鐵。踩著木樓梯，上到二樓隔成的侷促小間，擺設清寒：一張床、一張桌、一台搖不了頭的老電扇，床單、枕套、毛巾和薄毯用得很舊，甚至有小窟窿，但還乾淨。

跨過客棧門前的濱河路，護欄外面就是薩爾溫江或者大海：江水海水，既非湛藍，亦非濁流，讓你很難分辨。對面的比盧島（Bilu Kyun），就像一條浮在水面又長又矮的綠化帶。「它跟新加坡一樣大。」客棧老闆是位六十開外的老年紳士，穿著白襯衫，圍著暗綠細格紗籠，用發音清晰的英語告訴你。

雖有山頂那些金色佛塔和鋼架結構的薩爾溫大橋，雖有濱河路上幾處光鮮而又冷清的酒店、銀行、餐廳和小型超市（Mini Mart），孟眉卻已衰落。走進客棧後面與濱河路平行的街道，你看到一座憔悴小鎮。長長一條街，除了偶爾點綴的新廈，都是兩、三層高的舊樓，多為從前的商人大屋（歐威爾的母家就曾長居孟眉經商），黃色、綠色和藍色的門面或牆面斑斑點點。拐進一條小街，只見一座印度穆斯林的清真寺（這裡曾有很多印度人），宣禮塔衰草歪斜，烏鴉歇在塔上。一幢兩層樓的別墅鐵門緊鎖，一人高的圍牆長滿苔蘚，一株大蕉和幾棵雜樹守著這爿廢園。鐵皮屋頂的中心市場外，中國製造的廉價摩托車和三輪摩托車來來往往。還有馬車，並非招攬遊客的噱頭，而是本地人代步的一大選擇。一條黃白相間的土狗半躺地上（你在緬甸極少見到身嬌肉貴的名犬），肛門綴滿黑紅肉瘤。

不到一個小時，烈日就把我烤得輕度中暑。滿頭冷汗，我拖著腳步走進五味雜陳的市場，坐在一家小書店門前的木凳上抹著驅風油。如同仰光，孟眉街頭隨處可見西方遊客，但你很少看到當地人以外的亞洲人，更不要說來自紅色中國。年輕店主不能免俗，問起我的來處。「哦。我父親是中國人。」他笑道，用緬甸話把我的來處轉告坐在對面的年輕女人，她的小店擺滿金色佛像和佛龕。彷彿自言自語，她重複著他的話，好奇終得滿足。

夜裡的孟眉有了生機，就像一個夜店謀生的女子溜下床，打完呵欠，梳洗裝扮出門迎客。微風客棧附近的堤岸碼頭，擺了一溜燒烤攤和食檔。黑黑樹影把昏暗路燈罩得更暗。孟眉的停電頻率高過仰光，時斷時續（包括路燈），每家食檔都有備用電源，露天電視播著英超足球。對面的比盧島，「跟新加坡一樣大」，夕陽從它後方沉沒，島上沒光。若從太空望去，緬甸肯定是地球上最黑的一塊陸地，但是沒有月亮的星空多美！暗夜行路，老年白人夫婦打著手電筒，手牽手，走得小心翼翼。本地後生三五成群，開著摩托車在濱河路上來回兜圈，彷彿這是消耗精力的最佳方式。再過幾天就是中國新年，中國人的天后宮敲鑼打鼓舞著獅子，門上懸了一塊招牌：棉城華僑會。一隻壁虎貼住招牌冥想，不時發出「嗑嗑嗑」的奇怪叫聲。一個印裔女子和騎著摩托車的男友正在光顧燒烤攤，她二十來歲，皮膚微黑，異乎尋常穿了一條牛仔褲（緬甸女子普遍都著紗籠），彷彿剛剛走出前拉菲爾畫派的畫室，美得讓你心驚。

在「微風」的陽台早餐，一個英國女子與我同桌，斜對而坐。她比我先到，正跟一對白人夫婦聊天。她將近三十，齊耳金髮，身形瘦削，白色T恤深灰短褲，清脆急促的英國腔透出一絲神經質，但是眼神又有英國女人彷彿天生的冷靜或疏離。她的面前擺了一冊企鵝版的歐威爾小說《緬甸歲月》（*Burmese Days*），不是原裝本，而是你在仰光街頭的書攤總能見到的影印本，封面是張黑白照，一個裝扮舊式的緬甸女子面對鏡頭。幾個月前，我正好讀了這本小說。等到白人夫婦離開，我們的閒聊就從《緬甸歲月》開始。

「這不是歐威爾最好的小說，但對殖民地有不少有趣的觀察。」

「是嗎？」她揚揚頭。「我在仰光買的，才讀一點。」

「他在孟眉做過警官，後來寫了一篇散文〈殺象〉，提到這裡的市場。一個歐洲女人要是單獨經過那裡，有人可能就會把檳榔汁故意吐到她的衣服上。他們恨白人。就像歐威爾說的，殖民主義是個惡魔。」

「是嗎？可恥。但我昨天去市場看過，緬甸人很友好，老是有人跟你打招呼。」

「這麼多年過去，他們的政府又那麼壞，他們現在對外國人很好奇。」

「但我喜歡緬甸人，總在微笑，總想幫你。」

「我也喜歡。我在一本書裡讀到，說他們是亞洲的義大利人。」

「哈。有意思。你知道嗎，我從仰光坐車來這裡，同車有個緬甸女孩，她喜歡我的金髮，最後問我，可不可以送她一根留念。」

「妳給她了？」

「我拔了一根給她。」

「那妳應該讓她建座塔，就像保存佛陀的頭髮一樣，把妳那根金髮供起來。」

我們笑著，毫無惡意，暫時拋開冷靜或疏離，真心喜歡緬甸人的相對單純。

若非簽證只有一個月，我很想在睡眼惺忪的孟眉多留幾天，而不是像吉卜林那樣只待三天。登上城外山頂的佛塔俯瞰，孟眉一點也不憔悴：綠色棕櫚簇擁暗紅屋頂。薩爾溫大橋近旁，小小的香波島上都是佛塔佛寺。雇船登島，坐在林中，我又讀了一遍歐威爾的〈殺象〉。他在這裡做警官，遠在上個世紀二〇年代。八十多年過去，孟眉不再有象，我只能想像當年兩千名本地人尾隨一名英國警官射殺一頭搗亂大象的荒誕場景。

第二天黃昏，站在「微風」門前眺望海上日落，客棧經理，另一位老年的緬甸紳士，問我要不要參加明天的比盧島之行。「已有四人報名。每人一萬兩千緬幣，包括船費、車費和午餐。」價錢公道。但是一聽好幾個人，我的離群基因開始作怪，我不想跟大家一起磕磕碰碰，也不想為了所謂社交一路找話說個不停。

翌晨不到九點，我坐摩托車剛到遠在孟眉另一端的碼頭，六十來歲的客棧經理帶著四個白人男女坐了一輛三輪摩托車正好趕到，昨天跟我聊過《緬甸歲月》的英國女子也在其中。我們都得坐這班機動木船前往比盧島，再坐下午三點半的末班船回到孟眉。緬甸當局規定，外國人不得在島上過夜。

比盧島近在咫尺，坐船卻要四十多分鐘。小型機動船坐了起碼兩、三百人，船頭、船艙、船尾，還有艙頂都坐滿人：額上點著紅痣的印度人、緬甸人（緬族？孟族？華人？其他民族？你無從分辨，他們的衣著並無明顯區別），還有僧人和尼姑。幾個外國人擠過人群走到船尾甲板，頭頂烈日坐下。戴著眼鏡身材瘦小的客棧經理再次問我，彷彿最後機會：「你跟我們一起？」我搖搖頭，一意孤行。

船開了。我打量著這位老年導遊的小小旅行團：一對三十來歲的歐洲情侶或夫婦，女人一頭褐髮，五官秀美，臉頰兩條淺淺笑紋；坐我左側的男子不到三十，一口美式英語，從背包掏出幾小袋薄脆餅乾：「我帶了很多。幫我消化。」但沒讓我消化，我不是團友；英國女子坐在船尾頂端，拍完幾張海景，戴上耳塞邊聽音樂邊寫筆記，順水推舟，遞過來一袋撕開的餅乾，我搖搖頭，指著嘴裡的清涼糖。四十多分鐘，木船一直沒有遠離海岸，幾條舢板正在撒網，不論愈來愈近的比盧島，還是愈來愈遠的孟眉，都是一片低矮的蒼翠。

然而，船一到岸，碼頭一片緬式或中式亂象，我動搖了。「跟新加坡一樣大」，比盧島散落六十四個孟族村莊，旅行指南和「微風」都沒該島地圖。島上交通，除了牛車馬車，就是中國摩托車。單獨雇車？很貴。徒步？頭上就是殺氣騰騰的太陽。最要緊的是，你必須在下午三點半末班船開出之前回到這裡，外國人不得留在島上。幾步之遙，「微風」旅行團已經坐上一輛搭著頂棚重慶製造的三輪摩托車，除了四個男女，還多了兩位六十來歲的歐洲女人，正好空出一個座位。我趕緊湊過去，不再自以為是：「我可不可以上來？」當然可以。多一個人就多一份進帳，客棧經理無任歡迎。「本想一人，但我實在摸不著頭緒。」我對著一車人自嘲：「所以我要參加。」船上派著薄脆餅乾的男子隨口答道。有些時候，人是多麼容易合群。

無論你喜歡與否，旅遊或旅行早已全球化，尤其對於富裕國家或開放社會的公民。歐洲情侶或夫婦來自瑞士，女人是歷史學者，男人是經濟學者。兩個老太太是法國人，高胖矮瘦，有點嚴肅，英語不怎麼靈光，除了彼此講著法語，多數時間不愛出聲。一口美式英語的年輕男子則是匈牙利人（少見。護照比我的中國護照略高一等），不顧三輪摩托車一路顛簸，跟瑞士男人講著民主與政黨。英國女子名叫蘿拉（Laura），文學碩士，現在首爾一所大學教英國文學。「東方學生跟西方學生完全不同。你得慢慢讓他們習慣獨立思考，懷疑批評。」聽我長年筆耕，蘿拉突發感慨：「我想回倫敦讀博士，後殖民文學，讓自己更有自信。」彷彿她缺的就是自信。

車窗外，比盧島一派前現代的田園風光，古老的木輪牛車，水塘浮著水信子，水中倒映筆挺的糖棕櫚，稻田一片青綠。凹凸不平的瀝青窄路，雖然偶爾一輛簡陋小卡車坐滿領著退休金的歐美師奶與阿爸，或者另外一輛三輪摩托車滿車外國面孔，但是幸好，你看不到旅遊大巴，路上也沒無所不在的背包客。少了這兩類人（雖然我也是後者一員），這裡似乎更本真。

但我很快發現，我們的緬甸領隊或導遊，那位裹著暗綠細格紗籠的老年紳士，原來是個盡責的推銷員。顛簸將近半小時，三輪摩托車駛進一個孟族村莊，停靠一座吊腳木樓。附近一個木棚，兩個年輕的當地女人坐在兩台古老的電動切削機後面，機器前的地上，兩大堆切好的橡皮筋五顏六色。鐵桶盛滿嗆人橡膠，鐵架掛著十來根浸過橡膠的豔麗鐵棒（晾乾脫落，就成了等待切削的橡膠套）。導遊講著橡皮筋的製作過程，還讓我們摸摸棚外一株留著割痕的橡膠樹。參觀完畢，另一邊的木棚一堆成品，每包大概數百根橡皮筋，只賣一千緬幣。兩個法國老太太和匈牙利人各自盛惠一包。「這麼多，大概要用一輩子。」匈牙利人對著手中那包橡皮筋自嘲。

接下來的海島手工業巡禮（每隔十來分鐘，三輪摩托車就停在一個「主題村莊」），則有木製圓珠筆，棕櫚葉編的各類遮陽帽，糖棕櫚熬的棕糖（jaggery）。我們有些失望，彼此暗暗做著鬼臉，好在購物並非強迫，村民也很友善，我甚至很想效仿兩個法國老太太，買上一大把木製圓珠筆，順帶也鼓勵一下本地手工業，但我沒那麼多朋友可送，自己也不需要。看到一眾白色面孔夾雜一副曬得棕褐的東方面孔，幾個村莊的當地老太太反而詫異：「他從哪來？他從哪來？」而我總是堅持：「我是緬人。我是孟人。」逗得她們笑個不停。

下午兩點半，我們回到熱氣騰騰的碼頭，躲進一家餐室，一邊喝飲料啤酒一邊聊天，等著開往孟眉的最後一班機動木船。在島上四個多小時，除了趕赴那些手工作坊，我對比盧島並無更多瞭解。幸好，沒人提起剛才的觀光，彷彿這是一個累人的話題，但是匈牙利人繼續聊起更加累人的政治，話題不知怎麼轉到中國。蘿拉說她想去西藏、新疆看看。「你是中國人，你去過嗎？」

「沒。但我不太想去。」我說，感覺所有人都在看我。

「為什麼？」

「西藏據說很中國了，控制也嚴。新疆，那裡的民族恨中國人。我這張臉，去那裡有點危險，雖然我很同情他們。我總不能在自己的額頭寫字吧：我跟其他中國人不一樣。」

「聽說中國不少年輕人不瞭解六四。」匈牙利人來了興趣。

「對。你也不能公開談論。你在中國網路搜不到客觀全面的資訊。」我提到中國的百度搜索網站，把「根據相關法律法規和政策，部分搜索結果未予顯示」這段話譯成英語，費力解釋著，講起一週前我在昆明網咖的遭遇：雲南警方規定，第一次光顧網咖必須電子驗證身分證，手續費十五元。「我沒登記，扭頭就走。但在仰光，我進網咖不用登記，雖然網速很慢。」

「那你怎麼看中國或中國人？」匈牙利人追問。

「我的看法？哈，不能代表很多中國人。他們比我樂觀，他們覺得自己終於強盛了。另外，他們恨日本人，也恨美國人，但是他們又很犬儒。活在一個沒有資訊自由的國家，他們的世界觀和歷史觀很局限。」

「中國的經濟很繁榮。」蘿拉說。

「但是政治落伍。這種繁榮總有一天要出問題。」我說，並無高論。高胖的法國老太太坐我身旁，點著腦袋，蘿拉也點著腦袋，兩條笑紋的瑞士女人若有所思。

談到中國總是令人沮喪，哪怕自己暫時成了關注中心。中國，就像一個自身以外的陰影，你走到哪裡，它就跟到哪裡，哪怕身在外國人不得過夜的比盧島。

在孟眉最後一夜，我順著海邊長堤走了很久。濱河路上的燒烤攤依舊熱鬧，緬甸後生的落伍手機播著〈老鼠愛大米〉的英文版。電力依舊時斷時續，露天電視的英超足球不時「暫停」。近岸草地飛著零星的螢火蟲。天上繁星，海上漆黑，但有數盞五彩燈火來往海中。

昏暗間，一個三十左右的緬甸人從我身後冒出，用笨拙英語跟我搭話。「那是漁火。」他指著幻夢一般的五彩光亮告訴我。黃昏從比盧島回到客棧，匈牙利人意猶未盡，說他晚上在海邊的燒烤攤約了朋友。「你們願意就來坐坐聊聊。」回孟眉的船上，蘿拉告訴我，她花了一天讀完那本《緬甸歲月》。但是來來回回，我再沒見到匈牙利人和蘿拉。

三

「曼德勒可以不去。」幾乎所有到過曼德勒的西方旅人都這麼告訴我。來緬甸前，我的一位中國朋友，說他當年不僅沒去曼德勒，連蒲甘和茵萊也一併略過，反而去了緊靠孟加拉灣的若開邦，在一個偏僻小城無所事事好幾天。

從仰光到孟眉，我在緬甸已過一個星期。離開孟邦首府，我去了克倫邦的小鎮帕安（Hpan-an），距離孟眉只有兩個小時車程，一路都是愜意樹蔭和田野。如同孟眉，帕安比鄰薩爾溫江，一樣炎熱，然而山色、荒野、田園、孤寺、水道和大小山洞，讓你不忍離開；我的唯一倦怠，乃是在帕安看了太多佛像，今生今世可以不看佛像了。帕安，有點像我後來去過的寮國萬榮，但是並未過度開發，甚至欠缺開發，你還看不到身穿比基尼招搖河畔與街頭的白人女子，也沒那麼多舒適餐館坐滿白人背包客，一邊吃喝，一邊神情木然盯著衛星電視的歐美肥皂劇。告別帕安，坐上回仰光的汽車，我有些茫然：是從仰光遠郊的汽車站直奔曼德勒？還是回到混亂而又迷人的仰光？

緬甸是世界上最窮的一個國家，然而也是世界上微笑最多的一個國家，甚至多過早已脫得精光賣給全球旅遊業的泰國和柬埔寨。在緬甸，我很開心可以隨時對著陌生男女微笑，隨時聽到問候道謝。見你站在路旁疲憊不堪、一籌莫展，不只一次，有人給我遞來一張木凳或塑膠凳，甚至端來免費茶水和椰糖，或用英語問你：「May I help you?」雖然幾步之遙，三輪車夫免費載我去到最近的 Beer Garden（露天啤酒園，他完全不必如此多事）。陌生路人騎著摩托車，讓踩著單車的我跟在後面，領我穿過暮色中大片樹林，直到踏上回客棧的熟悉大道——窮困中的友善，更動人，也更真誠，哪怕因為你是外國人。

同為極權國家子民，中國人，也許除了少數民族，卻跟中國共產黨的官僚一樣，常常表情僵硬高深莫測。中國人，大概也是現今最不優雅的民族之一，不僅習慣擁擠吵鬧，也習慣不必要的身體接觸。你在公共場合與中國人偶然碰撞，哪怕微不足道，也很少有人在意道歉。但在緬甸，男人女人從你座前走過，多會帶著歉意低一低頭彎一彎腰。進緬甸的網咖，不僅無需出示良民證或護照，也根本沒人抽菸。除了大城之間的通衢，緬甸的公路很差，普通客車也很糟糕，但你還有選擇，私營汽車公司成行成市。

從仰光到曼德勒，要坐八個小時夜車，我選了ＶＩＰ巴士，車資一萬四千緬幣，比通常貴了四、五千（一美元大概兌換八百多緬幣）。多花五美元，你坐上可以調節靠背和腳墊的寬敞日產大巴，靠著蓋著沒有異味的頸墊和毛毯。午夜，你從朦朧中醒來，高速公路旁，一片燈火燦爛的餐廳，現代、整潔，價格適中（相比之下，中國高速公路上的餐館更像第三世界）。你叫了一杯咖啡和一碟黃油吐司，想著十來天前你在雲南坐過的惡臭夜車，從瑞麗到昆明，也是午夜，臥鋪汽車停在一個武警檢查站，年輕的武警上車，讓所有乘客交出個人證件，然後把這些證件捏在手中，高聲命令：「帶上你們的隨身行李全部下車！」

曼德勒本來該是我到緬甸的第一站或第二站。十來天前，我從客居的大理古城坐車到了瑞麗。我一直想從陸路過境，從撣邦高原一路去到上緬甸和下緬甸。但是姐告的中國口岸很冷清。在口岸廣場招攬過境一日遊的當地女人告訴我：「早就封關了。」

「我知道，但為什麼？」

「因為這邊很多人去那邊賭博。現在不讓去了。」她說的，該是緬甸毒梟在孟臘（Mongla）開設的賭場，集賭博、人妖表演、俄國烏克蘭女郎秀和所謂「民族村」於一體，前些年，很受財大氣粗的中國觀光客青睞（我後來讀英國作家安德魯・馬歇爾〔Andrew Marshall〕的《褲子人》〔*The Trouser People*〕一書，他對孟臘的中國觀光客有極為生動和滑稽的描寫）。

女人給了我一個電話，對方是專做散客過境的緬甸華僑。一問，手續費、打點費、導遊費和租車費等等加起來，沒有三千來塊人民幣，你進不了緬甸也到不了曼德勒，哪怕你有緬甸簽證。我住的旅館前廳，正好也有一個代辦緬甸旅遊的小公司，問過五十多歲的緬甸華僑林小姐，價格大致如此，除非你是多人同行。即使這樣，你還得在瑞麗等上好幾天，用林小姐的話說：「要去國防部申請批文。」但我不想驚動緬甸國防部，更不願意奉上三千來塊的「入境費」。從昆明到仰光，來回機票也不會超過三千塊，大不了，再坐一趟昂貴卻又惡臭的中國巴士，從瑞麗趕往昆明的機場。

早晨六點，天色已明，我到了曼德勒遠郊的長途汽車站，坐上一輛上個世紀東歐製造的老舊轎車，直奔市中心。曼德勒，從大理到瑞麗，從瑞麗到昆明，從昆明到下緬甸的仰光，再從仰光遠郊，繞了幾個大圈，我終於來到這個上緬甸的第一大城。

太陽還沒現身，微涼空氣並不清爽，塵埃味混雜汽車與摩托車的尾氣。到了八十三街與二十四街交界處，靠近曼德勒皇宮，司機就像旅行指南所寫，不是把你扔到路旁揚長而去，而是等你找到住處才會收錢走人，陪我逐家「拜訪」附近的客棧賓館：陰沉前廳擺著笨重茶几和沙發的中式賓館，窄巷深處色調明快、擺設簡單的客棧。問過四、五家，除了超過二十美元的雙人房，一律沒有空房。

站在路旁，一邊躊躇，一邊端詳，曼德勒讓我想起暴富或「整容」前夜的中國城市，棋盤一般的街道寬闊筆直，鋼筋水泥和玻璃牆面的低矮樓房一路延伸。曼城居民，華人將近半數，你不時見到紅得刺眼的中國燈籠和春聯（春節將至），也不時瞄到中文招牌與廣告。不，我不想馬上留在這裡吃灰塵、聽噪音、頂烈日，雖然算上昨天下午從帕安到仰光的半天車程，我已連續坐了大概十五個小時的汽車。我想立刻逃出這座污染嚴重、建築平庸的濕熱大城，逃往曼德勒東北的眉謬，殖民時代的夏都，位於撣邦高原邊緣，車程不過兩個小時。

眉謬（Maymyo）這個地名，得自殖民時代駐紮此地的英國梅上校（Colonel May）。May 加上 myo，緬語意為梅鎮，中文通譯，不知怎麼寫成眉謬。梅鎮也好，眉謬也好，緬甸獨立後，此地改名賓烏倫（Pyin Oo Lwin），據說回歸從前村名，政治固然正確，但是就跟緬甸第三大城孟眉變成毛淡棉一樣，非我族類念來不很順口。

曼德勒的海拔大約七十四米，眉謬或賓烏倫卻有一千來米，所以，跟普通緬甸人一樣，坐進殘舊的日產 pick-up（有頂篷的小卡車）車廂，逃出車水馬龍、烏煙瘴氣的曼德勒，順著大樹間隔的兩條來回大道一路攀升，車輛愈來愈少，綠樹愈來愈多，空氣漸漸清爽，我不難體會當年的英國殖民者（包括警官 Eric Arthur Blair，亦即後來的歐威爾）來到眉謬的欣喜。對於他們，眉謬的清新或許最接近英國，在我而言，眉謬的空氣和陽光，讓我依稀想到並不遙遠的客居之地大理。

訪客稀少，陳舊落寞，居民不足十萬，眉謬就像一座人去樓空的露天博物館。新近粉刷的普塞爾鐘樓（Purcell Tower）矗立鎮中心，距我投宿的客棧不遠，鐘聲彷彿大笨鐘，一九三六年落成，據說為了紀念維多利亞女王。鐘樓一帶，不少印度人和尼泊爾噶喀人的糖果店或乳品店（緬甸作家 Ma Thanegi 的本土遊記《本地觀光客》〔*The Native Tourist*〕寫道，眉謬是緬甸的奶場）。此地的果醬和葡萄酒也小有名氣，雖然我嫌後者甜膩。

入夜，巷口的印度小販炸著三角形狀的小食samosa（咖哩角），做完禱告的印裔穆斯林站在街邊的清真寺外聊天（鎮上還有一座印度教小廟）。地名可以去殖民化，梅上校的部分下屬，當年的孟加拉步兵，或許還有來此修建曼德勒到臘戌鐵路的印度勞工，他們的後代，卻是永遠留在此地。

踩著單車，去到鎮外大樹遮蔭的環形路（Circular Road）和森林路（Forest Road），路上的印度車夫趕著老式馬車，車廂花花綠綠，笑著跟你招呼：「Hello, sir.」殖民時代的教堂、別墅和大屋，不時從灌木叢或樹叢後面冒出。除了政府機構占據的樓房粉刷一新，這些頭頂煙囪磚木參半的古董，就像仰光那些氣派舊樓一樣凋敝。

坎達克雷格飯店（Candacraig Hotel），當年的英國俱樂部（British Club），初見世面的歐威爾或曾在此消磨閒暇？兩層磚樓，紅牆白窗，兩側塔樓尖尖，底樓外牆和廊柱爬滿青藤。樓旁網球場閒花野草，球網一側立著陳舊的木製裁判椅，讓你覺得，當年比賽尚未結束，自命不凡的紳士淑女就突然離去，從此杳無音信。

換一個視角，眉謬的相對清新與安寧仍是表象，就像你在仰光看不到滿街士兵，但不等於軍人集團淡出該國政壇，緬甸已經脫胎換骨。眉謬鎮外，就是占地廣闊門禁森嚴的軍事學院，鎮上不時可見一身軍綠、表情嚴肅的士官生。「沒人願意當兵。」仰光一位計程車司機告訴我，但是緬軍依然多達四十萬。二〇一〇年，軍方扶持的文人政府上台，新國會卻有四分之一席位留給軍方人選，恰如上面提到的英國記者安德魯・馬歇爾所寫：「軍方並未改革，並未懺悔，不可觸動。」

眉謬郊外綠蔭宜人，不僅掩映殖民舊屋（現在盡歸國有），你也瞄到富得可疑的新建別墅（據說主人不乏將軍與毒梟）。如同仰光與孟眉，眉謬街頭也有一個藍底白字的看板，寫著一段多少有些怪異的英文：「Warmly Welcome & Take Care of Tourists.」（熱烈歡迎，照顧遊客。）前些年，緬甸當局竭力推廣旅遊，歐美國家反應冷淡，翁山蘇姬領導的全國民主聯盟也呼籲外界抵制，直到近兩年才轉變立場，但依舊不鼓勵團隊遊客，而是希望外國人以個人身分來緬甸，盡可能避開與當局來往密切的既得利益者提供的相關設施與服務。

但你無法避開所有官商。為看緬甸獨立後從加爾各答回歸故國的阿瓦王朝皇帝寶座，我不得不掏錢進到仰光的國立博物館，為看一九一五年英國人創立、土耳其戰俘修建的眉謬國立植物園，我也不得不買五美元或將近五千緬幣的門票（緬甸人只需一千緬幣）。幸好，這座占地將近四十萬英畝的植物園依舊脫俗，沒有你在中國同類場所目睹的紅歌喧天與廣場亂舞。

第三天清晨，眉謬街頭騎著摩托車的緬甸人穿著輕薄羽絨服，路上的女人裹著紗籠，人字拖套了一雙五趾厚襪。我跳上鎮外一輛兜客的 pick-up，回到沒有羽絨服和五趾厚襪的曼德勒。

曼德勒，這個讀來優美令人傾倒的地名，一旦掛在嘴裡，如果就像咒語那般神奇，會讓中國這類新興國家的「高端」與「品尚」人士更覺高端與品尚，地產商一定爭相攀附，把旗下豪宅叫作「曼德勒廣場」、「曼德勒花園」、「曼德勒公館」、「曼德勒山莊」、「曼德勒水岸」、「曼德勒陽光」或「曼德勒國際品尚生活城」。但是，曼德勒不是威尼斯和曼哈頓，曼德勒不幸位於東方的上緬甸。

一八五七年，緬甸倒數第二位皇帝敏東王，把皇都從阿瑪拉普拉（Amarapura）遷到大約十公里以外的曼德勒。遷都對於緬甸諸多王朝並不稀奇，新都奠基要有活人獻祭也不稀奇。十九世紀的英國人喬治．史考特，在緬甸待了三十多年，化名緬甸人 Shway Yoe，寫過一本《緬甸人的生活與觀念》，其中講到敏東王的遷都：「城牆奠基時，年齡和等級各異的五十二名男女遭活埋。十二道城門，每道城門埋了三人，四個城角，每個城角埋了一人，每道宮門埋了一人，木柵四角也分別埋了一人，寶座下面則埋了四人。甄選很嚴，祭品得是典型，生日特別，活埋的男孩，身上不得有任何紋身，女孩不得穿耳。」

敏東王篤信佛教，也是王朝改革者，卻又相信婆羅門占星師的搖唇鼓舌，這依舊不稀奇：遭活埋者的鬼魂可以護衛王朝。他在位時，每天不僅供養五千僧人，皇宮附近的曼德勒山頂，每天也放生一百隻雞，由善男信女餵食。還有豬，每天供養一千頭。敏東王死後，這一千頭豬流浪街頭。史考特寫道：「城裡沒下水道，但同樣可以肯定的是，也沒臭味……這一潔淨是因為有很多豬狗。白天，豬是最有效的食腐者，自在無主，到處遊蕩。善心人士，為了積德，每天都給牠們吃的，同時大家又亂倒殘羹剩飯，憑著經驗相信，不會有東西留在那裡腐爛。」一場景怪異。你只是很難想像：這麼多豬狗隨地拉撒，怎會沒有臭味。

末代皇帝熱寶繼位，王朝繼續飄搖，那些鬼魂似乎不再鎮邪。一八八〇年，皇家占星師建議增加活人獻祭：一百個男子、一百個女子、一百個男孩、一百個女孩、一百個士兵、一百個外國人。全城恐慌，爭相出逃。怯於英國人的反應，這一獻祭很快取消。五年後，上緬甸，連同早已落入英國手中的下緬甸，成為英屬印度的一個省。曼德勒只做了不到三十年的皇都。

順著環繞皇宮的城濠，由西向東，我走向曼德勒山。豔陽高照，晴空無雲，給人一種空氣潔淨的錯覺。赭紅城牆和柚木門樓仍是舊物，牆內綠樹，棕櫚高挺，牆外灌木偶爾一叢暗紅九重葛，寬闊城濠卻無我在書中讀到的蓮花。皇宮毀於二戰戰火，一九九〇年代重建，動用囚犯勞役，疏淘城濠強迫市民無償參與。沒人恭維這個假古董，至少就我所知。參觀皇宮要買十美元通票（包括附近幾座寺廟和城外英瓦等地），並非不合理。可是寺廟我有些厭了，我也不想一路幫襯官商，雖然不時妥協（譬如掏錢參觀仰光的國立博物館和眉謬的國立植物園）。

走到遊客入口的東門，跟路上偶遇的幾個廣州遊客分手（他們買了通票要進皇宮），我拐進一條垂直小街，買水，跟雜貨店中年老闆寒暄。我指著遠處的皇宮說：「Tatmadaw.」他一臉怪相厭惡，連連擺手。Tatmadaw 意為武裝部隊。皇宮內，除了正中一小塊，其他部分都是駐軍禁地。隔著馬路、石橋和城濠望去，東門外豎了一塊長方標語牌，紅底白字，緬英對照：「The Tatmadaw Shall Never Betray The National Cause.」（武裝部隊絕不背叛國家大業。）

人字拖把我的腳趾磨破了。我只好搭上一輛摩托車去曼德勒山腳。中途，我向司機比畫，他馬上載我去買ＯＫ繃，並不介意繞了一大段路。我可能依然不喜歡曼德勒（曼德勒的醜陋，部分原因在於上個世紀七〇年代中葉一場大火，很多雅致的柚木舊樓被毀，取而代之則是那些鋼筋水泥、玻璃外牆的怪物），但我開始喜歡這裡的人。

到了曼德勒山腳，我坐在一家露天茶室喝著泰國產的可口可樂。一個五十來歲的黑瘦印度人，比我先到，也在那裡喝著一樣的可樂。

「這裡的可樂很貴。」我說。一罐進口可樂大概五、六百緬幣，將近一美元。

他點頭同意。用印度腔的英語問我：「你像日本人。從日本來？」

「對。」我順水推舟。幸好他沒跟我講日語。

他是計程車司機，印裔佛教徒。車就在一旁，很舊的日本車。生意不太好，湊合。

「你去看了皇宮？」他問。

「沒。有什麼好看。十美元。我不想送錢給緬甸政府。」

「那倒是。很貴。」他欣然同意。

我一直想知道普通緬甸人的收入，於是翻出旅行指南，指著上面一段話問他，盡可能客氣。

「『仰光大部分工人每月只掙九千緬幣。』」他念道：「哈，這是好幾年前的事了。」

「那現在呢？」

「平均大概五萬吧。教師、警察一類。很多人沒工作。」

五萬不足一百美元。難怪我在仰光很少見到緬甸人上正式餐館，都在街邊食檔填肚子。

「但是緬甸人現在很懶。他們不想做事，只想享樂。」他說，有些忿然，轉而誇獎日本人勤奮。亞洲人裡面，他一直喜歡日本人。

「那你覺得中國人怎樣？」

「中國人。他們欺騙，狡猾，很危險。」

偏見也好，不無道理也好，我還來不及問他為什麼，他已起身，指著附近一所寺廟：「這個值得一看。這個不要門票。」

等我走到不要門票的寺廟，身後幾聲喇叭，他在車窗內揮手，笑著，點頭，指著我去的方向。

敏東王遷都還有一個附會：陛下連續兩晚夢到曼德勒山。根據緬甸傳說，佛陀曾經到訪此山，預言佛曆兩千四百年，亦即一八五七年，山下將有一座大城。更為出奇的是，信不信當然由你，敏東王的前世是個吃人女妖，割下雙乳敬獻佛陀，因而來世變性，貴為國君。曼德勒山海拔兩百三十多米，登山石階有瓦楞鐵搭成的頂棚遮蔭。一路遊人不斷，小販不斷，佛像不斷（山腰廟內一尊巨大的佛陀立像，右手指向皇宮）。

時近黃昏，我在山頂附近找到新塑的割乳女妖或敏東王的前世。她跪坐基石，頭戴金冠，一身華服，彷彿貴婦，手捧一只割下的豐乳（乳頭向上）。鍍鉻欄杆圍著女妖，我則圍著欄杆左右端詳，並沒覺得她的胸部凹缺。

幾步之遙，山頂另一番光景：成群結隊的歐美旅遊團坐著大巴直達山腰，舒舒服服趕來集體觀賞日落。與此對應，則是三五成群的緬甸人，後生居多，圍著富裕的歐美遊客練習英語，讓你想起大約三十年前中國城市的「英語角」。一眾白人男女圍著一個英語流利的緬甸女孩，問東問西，不停拍照。她的清純，她的大方，她眼神中那種熱情，那股壓抑已久的交流渴望，你一點也不陌生。

上午八點過，我騎單車又來到與皇宮東門垂直的那條街。問過好幾個行人，問過清晨出來化緣的年輕僧人，穿過晾著藏紅和橙黃僧袍的一大片寺院，經過綠樹掩映的平民陋舍，我終於找到 Zaw Tin Min 的住處。

Zaw Tin Min 是我昨天在曼德勒山認識的撣族僧人。他二十歲，前兩年從撣邦來到這裡，現在就讀郊外一所佛教大學，每天要坐巴士往返學校與住處，平時很少空閒。昨天週末，他第一次去了曼德勒山。我們在山腰相遇，他下山，我上山。

Zaw Tin Min 笑得就跟其他緬甸人一樣自然；橢圓臉稍長，笑時露出幾顆小虎牙。除了佛學，他也學英語，雖然講得不好。看得出來，能夠有人跟他說說英語，哪怕對方不是英、美人，他也很開心。不像中國的很多同齡人，他不迴避敏感話題。一九八八年他還沒有出生，但他清楚當年和後來緬甸發生的一切。跟我遇到的其他緬甸人一樣，他也承認，三年前，他根本不敢講他想講的話，尤其是在公共場合跟一個外國人。

「有時候我恨這個政府，但有時候我又喜歡他們。」

「你恨他們，是因為他們做了那麼多壞事。你喜歡他們，是不是因為他們現在有所改變？」

「是的。」

他把他的三個名字留給我，一個用羅馬注音，另外兩個則是緬文。因為他是出家人，所以他有三個名字，Zaw Tin Min 是他的俗名。他沒住寺院，而是住在寺院開辦的一所慈善學校。那裡的學生，除了貧民子弟，還有難民孩子，除了緬甸教師，還有外國志願者。

「你明天來嗎？我等你。」

Phaung Daw Oo 學校，由曼德勒同名寺院的住持 Sayadaw U Nayaka 創辦於一九九三年，為緬甸孩子提供從幼稚園到高中的免費教育。學校的教育準則，崇尚以孩童為中心，偏離傳統的死記硬背。每年，大約有六到七千學生在學，包括孤兒、少數族裔和前些年受颶風影響的災民孩子。每年，也有包括歐美志工在內的三百多名教師在此執教。根據緬甸異見者在泰國清邁出版的英文月刊《伊洛瓦底》（*The Irrawaddy*）一篇報導，雖是寺院辦學，這所學校卻很包容，並無性別、種族和宗教等偏見。[1]

學校就像一個自足的小社區，窄路旁還在建房。右邊一排高低不一的磚樓（其中一幢德國援建），有教室、餐廳、商店、工廠和宿舍；沙地上，一群十來歲的男孩穿著藏紅和橙黃僧袍在踢足球。左邊兩幢淺綠的三層磚樓是高中部，澳洲日本援建。柱廊內，緬英對照的墨綠標牌寫著「Our Priority Goal」（本校宗旨），所有孩子免交學費，也不用給老師上供，「Any fee is not charged!」（不收任何費用！）

一個滿臉皺紋的白人老太太，像是教員，把我帶到窄路盡頭的辦公室。年輕職員又把我領到後院僧舍。一眾僧人七嘴八舌，幫我打聽，Zaw Tin Min 終於下樓。

「我帶你看看。」他笑著露出小虎牙。

木質地板、木質天花板的圖書館。五、六個木質書櫃靠著淡藍磚牆。精裝英文書居多，百科全書、自然人文、兒童文學，該是富裕國家捐贈。兩個五、六歲的男孩，其中一個剃

---

1 這篇報導題為 *Monk with a Vision*，刊於二〇一五年七月號《伊洛瓦底》。

光腦袋、裹著僧袍，跪在塑膠扶手椅上，靠著長方木桌，在翻一大本殘舊的緬文彩色漫畫。

「可以給你照張相嗎？」

Zaw Tin Min 整整僧袍，收起微笑，兩手交叉，站在一個赭黃立櫃前，櫃上貼了兩張電腦列印的白紙，一張是英文的英語學習規則，另一張只有一句話：「SPEAK ONLY ENGLISH!」（請講英語！）

「外國教師他們也住學校？」

「他們不能住在這裡，住在外面旅館。」

外國人在緬甸還是不能自由居住，必須住在「涉外」酒店或客棧。

醫療室比圖書館那些精裝英文書更有用，看病和藥品免費，醫生之一來自新加坡（正好不在）。高中部，男女合班，學生不少十來歲的沙彌，簡陋教室讓我想起自己念過的中國高中。工廠內，一個外國老頭走來走去，正在督導學做木工的緬甸少年。

我們回到後院。除了僧舍，另外幾幢瓦楞鐵頂棚的兩層舊樓，住的都是難民孩子，有的因為緬甸當局和少數族群的武裝衝突流離失所，有的因為前幾年的颶風海嘯無家可歸。前廳地上，坐了十來個男孩女孩。工人在給一個兩腿萎縮的鬈髮男孩訂製木椅。圍著綠色紗籠的女教員二十來歲，在這裡卻已八年，跟其他教員一樣住在前院的宿舍。喜歡這份工作？喜歡。她答得不假思索，她的微笑，就跟她帶著緬甸口音的英語一樣柔和。

Zaw Tin Min 把我送到前院。我在曼德勒只剩半天了，下午要騎車去城外的古都阿瑪拉普拉，明天得往蒲甘。也許下次我們還會見面。我還會來緬甸。一個月太短了。我喜歡緬甸。

「緬甸很髒。不是嗎？」他突然說，有些沮喪，不像一個淡定的僧人。

「會好的。慢慢會好的。」我說。他沒出聲。

「那你喜歡哪些國家？」我問。

「德國。新加坡。」他喜歡的都是很乾淨的國家，雖然他從未去過，也不太可能。

從曼德勒到阿瑪拉普拉，出城之前都是瘋狂交通。車輛右行，卻又左駕車、右駕車混雜，這一奇觀可能只有緬甸才有。這是已故軍事強人奈溫將軍的傑作：他把殖民時代延續下來的左行改為右行，但是適合左行的右駕車並未淘汰。殘舊的日產 pick-up，車廂載滿乘客，頂棚擺滿雜物，車尾噴著黑煙，不時煞到你的身前身後。更要命的，則是到處亂竄的摩托車；遇到紅燈，交通要衝常有上百摩托車等候。

曼德勒究竟有多少摩托車？二〇一三年二月初的英文版《緬甸時報》有篇報導，曼德勒一百來萬人口，註冊車輛五十四萬七千，摩托車就占四十七萬。該城去年共有兩百人死於交通事故，比前年的六十人激增百分之四十，其中一百二十人死於摩托車肇事。

相比之下，你在仰光根本見不到摩托車，雖然原因怪異，有的說，這位將軍的座車曾與摩托車相撞，一怒之下取締摩托車；有的又說，那位將軍害怕刺客行刺，不准摩托車開上仰光街頭。

小心翼翼穿行在曼德勒街頭，你不禁想起敏東王當年供養的那一千頭豬，陛下駕崩，牠們滿城遊蕩，遍地拉撒，有如今天引擎轟鳴噴著黑煙的四十七萬輛摩托車。

四

黃昏五點，快到良烏（Nyaung U），中午從曼德勒開出的長途汽車停在路旁。一個緬甸人上車，當我透明（大概以為我是同胞），徑直走向我的後排，用英語讓車上的外國人下車買票：蒲甘考古區（Bagan Archaeological Zone）的十美元遊覽票。一對年輕的白人情侶和一對香港夫婦先我下車。猶豫片刻，想著曼德勒一個英國人告訴我他在蒲甘怎麼沒買票，想著司機和跟車的服務生知道我是外國人，想著隨後可能查票，我決定還是做回外國人。

不出一個小時，我到了緊鄰蒲甘的良烏。天黑了，幸好車站就在鎮內，然而我的樂觀很快消散：除了昂貴酒店，根本沒空床。鎮上的街邊餐廳，坐滿東西方遊客和背包客，白人跟白人一起，黃人跟黃人一道，相對於普通緬甸人光顧的簡陋食店，彷彿一個平行的世界，我開始憎恨這些人。[2]

我走向鎮外公路旁一家客棧，或許這是最後一根稻草。一個中年男子把我領到後院：「你可以睡樓上女主人的房間，地板，五美元。」上到木樓，我懷疑走錯地方：七、八個十來歲的男女學生，坐在四張課桌旁。四十來歲的女主人有些發胖，指著課桌前靠窗的地板，我的棲身之地。

2 這一「憎恨」雖然另類，並非作者才有。我在雲南大理認識的一位法國黑人（政治正確用語稱為「非洲裔法國人」）告訴我，他不喜歡跑這麼遠看到那麼多西方人。一位英國朋友說，她討厭在東方看到無處不有的西方背包客。我在孟眉遇到的一位德國女人說，她很反感那些西方遊客肆無忌憚對著正在禱告的緬甸人拍照。在撣邦南部的格勞，我和一位法國老先生結伴徒步，他最後告訴我，他很高興不是一個歐洲人與他同行。一位烏克蘭朋友去過寮國萬榮，她最恨的，就是那裡的西方背包客（她講得沒錯。幾乎可以說，正是那些蜂擁而來尋歡作樂的白人背包客毀了秀美寧靜的萬榮）。至於中國遊客和背包客（作者不幸也是一員），他們還是新生兒，他們可憐的中國護照還不能全球通行。或許很久以後，不論貧富，他們也會像西方遊客和背包客一樣，填滿地球的每一個角落，但是那時候，旅行，恐怕也會更少樂趣。

「墊的蓋的會給你。五美元，包早餐。洗澡在前面浴室，只有冷水。明天可能有空房。」她的英語，緬甸口音很濃，我要費力才能明白。

「妳是教師？」

「我教英語和數學。這些是來補習的。」她指著學生說。

她的房間很大，將近一百平米。窗邊一塊大黑板對著課桌，用英文寫著幾道數學題解。課桌後方，她的大床吊著蚊帳，靠著另一邊的窗戶。跟我的鋪位斜對，遠處角落還有一個地鋪，就在她的床邊，地上擺了兩個大背包。

「能告訴我你從哪來嗎？」

「中國。」在緬甸投宿，你必須登記護照。想著她可能看我護照，我還是做回中國人吧。但她沒說要看，反而驚歎：

「你是中國人！你的英語說得很好！多數中國人不會說英語！」見我不知該說什麼，她隨即自問自答：「嗯，你是受過教育的。」

我忍著沒告訴她，我只念到高中。

沖完冷水浴，我發現斜過地鋪是一對將近四十的西方男女，正在清理背包內的衣服雜物。我到鎮上的遊客餐館吃了例行炒飯（我本想光顧緬甸人居多的簡陋食店，可是夥計完全不懂英語，又沒菜單，時辰也不早了，我只好返回讓我憎恨的那個平行世界）。

回到木樓，學生散了，女主人躺在蚊帳內哄著一個小男孩（我後來知道是她侄子），給我留了一盞燈。地上鋪了一床竹席，枕上放著兩張疊好的暗花床單（墊的蓋的）。西方男女還沒回來。闔上正對自己遮擋風雨和陽光的暗黑木窗，手腳臉頸抹好驅蚊藥膏，瞥了幾眼黑板旁幾個相框（大概前幾年的學校合影，第一排正中，坐了幾位一身戎裝的軍政府官員，然後師生），關燈，我一覺睡到天明。

一九二二年，英國作家毛姆來到緬甸蒲甘。他在這裡遇到一位度假的捷克斯洛伐克人，「顯然是位活躍的觀光客」，半天下來可看七座佛塔，並把「佛塔分門別類，按其特徵做了筆記」，「認為沒有什麼地方荒廢得不值得熱心端詳；為了研究磚瓦構造，他像山羊爬上斷垣殘壁」。

捷克斯洛伐克人對蒲甘的歷史瞭若指掌，堪稱一座知識寶庫，因為他每到一個地方，「都要閱讀關於該地的一切」，喜歡為知識而知識，覺得這「就像你撿起一根別針別到衣服的翻領上，或是解開一條繩子放進抽屜而不是把它割斷。你根本不曉得它什麼時候有用」。

從西元十世紀到十三世紀，蒲甘的歷代國王總共建了四千多座佛塔。歷經蒙古大軍入侵、改朝換代、地震破壞和日曬雨淋，現今仍有兩千多座留存。體積最響、名氣最大、遊客最多的數座佛塔，巍然屹立伊洛瓦底江畔的蒲甘平原，遠遠望去，有的就像歐洲那些雄偉教堂的東方版，有的又像埃及金字塔或南美印加祭壇的變身，有的則讓你不無怪異想起蘇俄時代社會主義的寫實主義（socialist realism）大廈。它們是紅磚砌成風格各異的中古摩天樓，不是建給人住，而是供奉神明。

木板搭成的蒲甘王朝宮室、民居早已不存，但是這些聖殿依然固守，俯瞰或置身衰草、灌木與雜樹間。一條條寬窄不一的土路通往大小佛塔，遊客馬車或汽車經過，沙塵飛揚，和著蒲甘平原的灼人熱氣。荒野中，佛塔旁，不時幾塊農田，農人蹲在菜地勞作。木輪牛車停在樹下，一頭灰白公牛，脖子後面的脊梁如駱駝一般隆起，呆立草間。

雖然欠缺毛姆筆下那位捷克斯洛伐克人的熱情與博學，踩著單車，頂著酷日，滿身沙塵，一天下來，我還是看了不少佛塔。上千佛塔與廣袤平原吞沒各類遊客，也讓所有不願集體出遊的怪物歡欣：只要願意，你完全可以不受攪擾，在你喜歡的某座僻靜佛塔守上一天，甚至一夜。

我最喜歡的，當然不是香火鼎盛、巨佛莊嚴的阿南塔，也不是良烏鎮邊供奉三十七個非佛教本土神祇（nat）的Shwezigon Paya，也不是瀕臨伊洛瓦底寧靜彎流的羅迦南達塔（Lawkananda Paya），而是一座荒蕪古寺。它不全是佛塔，亦不盡是廟堂，而是一座當年可能住了不少僧人的僧院，較少修復痕跡（蒲甘近年諸多修復重建惹來國際質疑批評），無人光顧，只有一條可憐的黑褐小狗蹲在發黑的紅磚矮牆角落。它的附近，走路兩、三分鐘，還有一座小塔，建於十二世紀末期，有殘留壁畫與石雕，入口的矮牆邊，一大叢九重葛盛開，緋紅、淺粉、純白、淡黃，花瓣落了一地，是我見過最美的一叢九重葛。

良烏鎮外的阿奴律陀路（Anawrahta Road），是橫貫蒲甘平原的通衢，兩旁荒野不少佛塔。如果你沒興趣爬上高大佛塔的頂端，加入集體觀賞日落的嘈雜儀式，站在路邊眺望也是一個不壞的選擇。阿奴律陀路很長，順著緩坡起伏，瀝青路面常有碎裂凹陷，偶爾一輛遊客大巴轟隆駛過，多數時間則很荒涼。日落時分，道路兩旁的遠近佛塔，向陽部分都是鐵鏽紅，然後漸漸黯淡，彷彿世間的虛幻渴望。

我在路邊一株金合歡樹下歇息，地上鋪滿細碎落葉。一個小女孩，臉很寬，嘴巴很大，彷彿從虛無之處現身，突然站在我的面前。

「你好。」她用英語笑著跟我招呼。

「妳好。」

她穿一件短袖的藍白細格襯衫，寶藍牛仔短裙套了一條深色七分褲，黑髮散到兩肩，腦袋左側別了一朵塑膠紅花，腳上沒鞋，典型的鄉下女孩。

我們的談話（如果叫作談話），一開始很零星（我從哪來、在這多久、住哪裡），因為我很累，不太想說話，她的英語也很基本。

「妳住這裡？」我覺得不能太冷淡。

「就在後面。」她指著佛塔後方。

「妳叫什麼？」

「莫莫。」

「多大了？」

「十三歲。」

「在念書？」

「對。在鎮上。」

她有問必答，毫不遮掩，既像所有沒了希望的成人，也像所有抱著希望的少女。她有四個兄弟姐妹。她排行第二。姐姐十七歲，沒工作，偶爾去鄰村幫人洗衣，一天只掙五百緬幣（不足一美元）。父親四十出頭，在佛塔掃地，每天一千緬幣。母親三十八歲，在家做飯。還有一個祖母，跟他們住在一起。

「你們一直住這裡？」

「不。七年前我們住曼德勒。」

「那妳父母在曼德勒做什麼？」

「經商。」她用的是 trader 這個字。她那時太小，對曼德勒沒什麼記憶。除了蒲甘，她只去過曼德勒。

「喜歡蒲甘？」我問。

「喜歡。很多佛塔。」

天快黑了，莫莫的母親騎著單車回來了，還有莫莫的姐姐和弟弟，抱著最小的妹妹。一條灰白小狗搖著尾巴，舔著我的腳背。她母親不會講英語，只是對著我笑。她姐姐的英語講得比她好，告訴我她有幾個日本朋友幫過她，將來她想去做導遊。

「到我們家看看吧。」

他們的家就在佛塔後面，竹子和棕櫚葉搭的一間棚屋。父親很小個，壓著井水。祖母很老，或者看上去很老。站在屋外空地，我感覺他們在打量我，講著什麼。姐姐急忙翻譯。

「我媽想知道你有多大。」

我告訴他們我有多大。不相信。打量得更仔細了。

「我媽說你看起來好年輕。」

我不知道這是恭維，還是他們真的不會看人。但是父母看上去都跟我的實際年齡差不多。多數窮人容易出老。

「我進去看看可以嗎？」但我沒進去，只在門口端詳：大約三十平米，沒什麼像樣家具，除了一張竹子搭的通鋪，一家三代，八個人大概都在上面睡覺（包括性交）。稍稍意外的是，還有一台二十來吋的電視。

「這裡有電？」在薩爾溫江畔的帕安，我在背街陋巷見過好幾間沒電的木屋。

「是的。這個房子是政府的。」

「那電視呢？」

「曼德勒她姑姑送的。」

莫莫把歷史、數學課本和小小的英緬辭典拿給我看。紙張粗糙，印刷簡陋。我念著辭典上的英文單字。

「莫莫的成績很好。」姐姐說。母親鑽進房間，拿來一張照片：莫莫站在台上，接過老師的獎品。

「她會繼續念書嗎？」

「會。我們就看她了。」

天快黑透了，荒野一片模糊。除了姐姐開頭問我，要不要吃點他們做的沙拉（salad？在這裡聽到？多麼奇怪的英文），一家人並無意思（或不好意思）留我。點頭告辭，我把莫莫叫到一旁，掏出幾張緬幣。

「這些給妳，買點什麼文具。」

阿奴律陀路一片漆黑，電還沒來。我踩著單車，就著手電筒微光，一高一低趕回良烏。

遇到莫莫的前一天，也就是我到蒲甘的第二天，我告訴在家開夜校的女主人，即有空房，我也不要了（斜過角落的西方男女晚歸早出，只在地上睡了一夜，大概搬到前面去了），我想再睡兩晚地鋪：「為了省錢。」她想了幾秒，沒有拒絕這個「受過教育」又想省錢的中國人。女主人的學生晚上會來，所以我盡量晚歸。但是白天樓上沒人，我間中返來就可獨處，躺在地上吹吹風扇，聽聽附近家有喜事的一排大音箱轟轟烈烈（緬甸作家Ma Thanegi 寫道：在鄉下，任何典禮都得用大喇叭廣播，因為若是不讓方圓幾十里的鄰村知道，那會很沒面子）。

鎮上雅致餐館不同膚色的漂亮男女和燭光晚餐我已看厭，為了消磨夜色，我去到另一個平行的世界，鑽進一家只有緬甸男人光顧的啤酒屋。這類地方，坐在櫃台後面算帳的，往往都是不苟言笑的老闆娘，跑前跑後的，則是十來歲的鄉下男孩，有的不過七、八歲，腰纏紗籠，臉上塗著特納卡。他們不像雅致餐廳的男女侍應能講熟練英語。他們沒讀過什麼書，今後很可能也不會再進學校。他們歡快而又無知，友好而又巴結，靈醒而又顧忌。

一個瘦小男孩，大概剛過十歲，紗籠上面套了一根圍腰，一張小老頭的小臉，一步一弓腰，就像經過訓練，眼瞼垂得恰到好處，一臉諂媚，給我端來啤酒和免費的佐酒小食，然後一步一弓腰，眼瞼依然垂得恰到好處，對著我後退幾步，退到可以轉身的距離，彷彿我是什麼了不得的皇室貴人。我起初覺得，或許我是外國人，但是多看幾眼，他對同胞也是這樣。人人習以為常，就像雅致餐館的漂亮男女，早已習慣他們那個平行世界的另一套禮儀。

五

不同於中國，在緬甸坐長途汽車（較差的巴士除外），最大的好處，就是車上沒人抽菸，更不會見到一邊開車、一邊叼著香菸的司機大佬。高聲說笑手機聊天偶爾會有，但沒中國普遍。比起中國人，緬甸人似乎更在意不必要的身體接觸。我很少遇到鄰座一隻手肘大大咧咧頂著你，或是中年漢子的四分之一肥臀冒著熱氣跨越邊界。

好一點的長途巴士號稱ＶＩＰ，票價不會貴過中國巴士，多半日產舊車，座位卻比很多中國製造的巴士寬敞舒適，窗簾極少油污汗臭，車廂也沒異味，而且每人奉送一瓶飲水和一張冰涼濕巾。車身車內，日文廣告還在。如果不看乘客，登上寫著某某株式會社的空調大巴，望著車內專治不孕的中村醫院ＪＲ線新宿站左旁五十米一類廣告，你會覺得身在二、三十年前的日本。

緬甸的長途汽車也很少我在書中讀到的半路熄火、嚴重晚點。從帕安回仰光，是我遇到的唯一故障：開車後一個多小時，每隔大約二十分鐘，日產大巴就會停下，司機和服務生從路旁雜貨店來來回回拎著水桶，車尾發動機需要冷卻。從孟眉到帕安的普通巴士，我和一個德國女人是車上僅有的外國人。她剛去澳洲參加朋友婚禮。「在澳洲旅行就跟德國一樣舒服。」但是在我而言，緬甸的公路不好，緬甸的ＶＩＰ巴士卻比中國好了很多。

如果沒有MTV和肥皂劇，你可能覺得真的是在日本。每輛VIP都有服務生，除了照顧乘客，也忠實照顧車內那台電視。天下的肥皂劇都一樣，光鮮男女，豪宅靚車，爭風吃醋，勢不兩立，情到深處或恨到深處，一把鼻涕一把淚。緬甸肥皂劇稍嫌保守，美女主角雙重保險，一張大浴巾遮蓋連身泳裝，背對鏡頭走到水邊，浴巾除下之前，畫面一轉，只給你看濕漉漉的半個腦袋和划水英姿。

MTV比肥皂劇好不了多少，一開始總是拘謹樂隊，然後拘謹歌手，然後拘謹樂隊，然後拘謹歌手，然後拘謹觀眾，就像早晨出發的長途巴士播的僧人念經配上佛塔畫面，懶得變幻太多。除了深夜行車娛樂欠奉，車內音響永遠開得很大，沒人抗議，彷彿這是應得福利。唉。幸好我帶了一對3M耳塞，幸好他們不喜歡紅歌，不喜歡殺光豬狗小日本的中國電視連續劇。我起碼有幸認得緬式肥皂劇那幾位寶萊塢風味的帥哥美女，他們無處不在，就像你在緬甸隨時都能撞到翁山蘇姬的玉照。

然而，早晨從蒲甘開往東枝的VIP大巴，滿車奔赴茵萊湖的外國人，誦經一般的緬甸慢歌，終於換成麥可．傑克森，緬式肥皂劇也終於讓位好萊塢的中國特工Jackie Chan（成龍）。街頭推廣旅遊的政府廣告，那句奇怪英文講得沒錯：「Warmly Welcome & Take Care of Tourists.」

群山環繞的格勞位於撣邦南部，居民只有一萬來人。這裡距茵萊湖很近，徒步大概兩、三天。一路往東，你可去到撣邦的首府東枝和地處金三角的另一座撣邦重鎮景棟（外國人只能坐飛機到景棟）。若是像我一樣，從西邊的蒲甘坐車來到格勞，你會經過一個多月後佛教徒與穆斯林流血衝突的密鐵拉（Meiktila）。這個小鎮有一潭清新湖水，據說最早屬於蒲甘王朝的創立者阿奴律陀王。車上望去，金光閃閃怪鳥形狀的巨大駁船浮在水中，船上一座佛寺。

大概兩個月後，躺在曼谷的酒店房，我看到密鐵拉上了ＢＢＣ的電視新聞：幾個佛教徒正在砍殺地上的穆斯林男孩；燒得漆黑的斷垣殘壁；無家可歸的穆斯林居民……我很難把這些畫面跟我坐車路過的那個寧靜小鎮聯繫起來，尤其當我看到暴民之中不乏僧人。「緬甸之春」既讓人開心（從二〇一三年四月開始，當局允許私人辦報，這是將近半個世紀以來的重大變革），亦讓你看到密鐵拉，看到我在ＢＢＣ一篇報導中讀到的那位不乏信徒的曼德勒僧人維拉圖，他號召抵制同為緬甸國民的穆斯林商人：「緬甸的佛教徒太溫和了。我們缺乏愛國自豪感。」

離開烈日下飄浮金色沙塵的蒲甘，遍山松林的格勞，就像比鄰撣邦北部的眉謬一樣清新與「多元」。雖無眉謬那樣的殖民時代大宅與別墅，鎮上卻有佛塔、佛寺、教堂、清真寺和印度教錫克教的小廟。鎮內外居民，除了緬族、撣族、帕朗族和帕烏族等等，也有不少印度人和噶喀人，他們的祖先在殖民時代來此修路。街頭的印裔小販煎著美味薄餅palater（雞蛋和麵粉做成，有果醬、香蕉、奶油、乳酪等風味）；公路邊的印度小館，則有分量十足又開胃的南印咖哩餐（老闆是個中年印度漢子。你快吃完，他會過來關心你的戰績，順帶問你一句：「兄弟，要不要加點米飯？」）；鎮中心鐵皮屋頂的集市外，印度人和噶喀人的茶室有甜膩茶點、甜膩奶茶，鄰桌的矮板凳坐了三個五、六十歲的印度人，讓你吃驚的是，他們不時彼此講著清晰英語，不是英國腔，該是你在書中讀到的Raj時代（英屬印度時代）老舊英語。因為靠近茵萊，因為氣候宜人，格勞不能免俗，度假酒店住滿歐美師奶阿爸旅遊團，形單影隻或成雙結對的西方背包客竄來竄去，但是相對蒲甘的雅致餐館坐滿各色男女如開派對，這裡還可忍受。

我住在集市旁沒有西方遊客的中央汽車旅館（Central Motel），老土冷清如同中國邊遠縣城的招待所，前台兩個女孩和一個中年夥計卻很殷勤。「明天早上你想吃啥？撣族麵條還是西式早餐？」黝黑俊美的女孩問我，她有巴基斯坦血統。「撣族麵條。」我說，十五美元房費包括早餐。走進招待所對街的雜貨店，一個文靜秀氣的中年女人閒坐店內，一身緬甸女人裝束，皮膚卻比緬甸女人白皙。她用英語告訴我她是中國人。我們轉說中國話，但是彼此都覺彆扭，於是轉回英語。

她說她是第二代，緬甸出生，一直住在格勞，父母都已過世，老家福建，還有親戚。她沒去過中國，也許將來會去看看。到大陸沒問題，香港稍稍麻煩，還得另外簽證。我問她的父母為什麼來這裡。「他們是國民黨，鄉下有房有地，共產黨當年不會放過他們。」她淺淺笑道，口音柔和，感謝父親選了格勞這個地方，安寧，清新，不像曼德勒和蒲甘那麼嘈雜炎熱。女人指著對面三層樓的中央汽車旅館說：「幾年前沒有這些樓房，也沒那麼多中國造的摩托車，這裡更安靜。」

Ko Chit Lwin 是我的徒步嚮導。他是帕烏族，二十來歲，個頭不高，身材精瘦，背了一個繡花布袋，上身一件細藍條紋的土布衫，沒纏紗籠，而是穿了一條寬鬆的褐色土布褲，腳上一雙橄欖綠的軍用膠鞋，就像中國的解放鞋。土布褲是在茵萊買的。他昨天才回格勞，帶了幾個西方人徒步去茵萊湖。

尚（Jean），跟我一起徒步，是個六十開外的法國人，看上去只有五十出頭，背包頂端很誇張，夾了一根登山拐杖，半小時前我們才認識。「這種褲子歐洲現在很流行。」尚指著嚮導的寬鬆褲子說。他住在法國南部一個小城。他的英語不是太好，說得很慢，讓你覺得他一邊說話、一邊考慮措辭。

從格勞到茵萊的兩、三天徒步，嚮導費很貴，中途必須投宿寺院。不只一個人告訴我（包括現在這位帕烏嚮導），茵萊遊客很多，很難找到住處。昨天我在雜貨店遇到的中國女人則說，要是茵萊沒得住，你可以去鎮外寺院，捐點錢，僧人就會收留你。住在寺院當然不壞，但是我在緬甸的時間已經過半，還有個別冷僻地方想去。放棄人滿為患的茵萊，只在格勞周邊的山裡轉上七、八個小時，看看帕朗村寨，我覺得夠了。

格勞鎮外就是丘陵。二月松林，赭黃青綠相間，紅土如同雲南。雜草枯黃，但是遠處大山連綿，晴空下一片青藍。山路很多令人迷惑的分支，起伏不大，幾乎一路都有雜樹遮蔭。來到一個岔路，Ko Chit Lwin 指著左邊，那邊屬於曼德勒區，我們去的這邊仍是撣邦。

我很快發現，我們的嚮導是個話匣子，但不討厭。每說幾句話，他都呵呵笑幾聲，又像對你友好，又像有點怯生。他給你解釋 longyi（女式紗籠）和 pasoe（男式紗籠）的區別，他告訴你山谷裡的水稻一年只有一熟，他讓你留意鎮邊人家花園裡的咖啡樹、山路旁茶園中最嫩的茶尖、山坡上的橘子樹或香蕉樹、前方那塊生薑地、用來裹方頭雪茄的樹葉、搽了可以驅蚊的野草。

遠處一隻鷹正在盤旋。

「牠在覓食。那邊地上可能有蛇。」嚮導說。

法國人很好奇，說他從沒見過蛇跡。沒走多遠，Ko Chit Lwin 指著橫貫土路的一道淺印：「這就是。以前這裡很多，後來都捉來運到中國。」

「為什麼？」法國人問。

「他們吃蛇。我是佛教徒。我不喜歡這個。」他不吃肉也不吃魚，他喜歡看魚在水裡自由自在。然後，他給法國人講起生吃猴腦這道中國名菜。我略知一二，於是補充說明。

「我不喜歡這個。」說這話時，Ko Chit Lwin 沒笑。

「這裡可以看到柚木林嗎？」我一直想看柚木林。

「山那邊才有。但是很多也砍來運到中國了。我不喜歡這個。」

他說得沒錯。雖然柚木不只運往中國，但是去到眉謬，你會看到中國車牌的大卡車滿載原木一路北上。[3]

---

3 根據二〇一五年七月二十三日ＢＢＣ的報導Myanmar jails 153 Chinese illegal loggers for life，緬甸北部一個法庭判處一百五十三名中國的非法伐木者終身監禁（這在緬甸通常意味著二十年刑期）。二〇一四年，緬甸軍方支持的文人政府終於禁止原木出口，但在邊境等偏遠地區，非法伐木者常跟少數族裔武裝組織暗中合作。有趣的是，幾天後，這些中國的非法伐木者趕上緬甸政府大赦，跟將近七千名囚犯一起獲釋（相關報導刊於七月三十日英國《衛報》：Chinese loggers among 7,000 prisoners released in Burma）。

Ko Chit Lwin 有六個兄弟姐妹，排行第二，還沒交女朋友。他沒上過大學，英語是幾年前做了嚮導才慢慢練熟的。他喜歡這份工作，雖然不是政府註冊的嚮導，雖然很累（帶外國人徒步，一路你得回答很多問題），但是可以學英語，也可瞭解不同文化。他沒手機，每次去茵萊湖，都借姐姐的手機來安排行程。

提到手機，法國人尚來勁了，覺得現代人很孤獨，無論哪裡，不是對著電腦就是對著手機。我則講起我在蒲甘一家冷飲店看到的三個中國年輕遊客，他們坐在那裡，各自玩著手機遊戲，除了偶爾交換一下遊戲心得，半個多小時沒有別的對白。Ko Chit Lwin 笑道：「我和幾個朋友有時要聚一聚。他們有手機。但是我們規定，誰要是飯桌上講電話，最後就他買單。所以，你看，我和朋友一起，大家都很自覺不講手機。」

我們來到山腰一個帕朗村寨，幾間鐵皮屋頂的吊腳木樓，幾塊菜地，一座兩層樓的簡陋佛寺，幾根塑膠水管引來山泉。帕朗人很獨特，只在族內通婚，喜歡住在山上。這戶人家只有一對母子。女人五十來歲，頭戴暗灰線帽，身穿粉紅緄邊與鑲肩的對襟藍衣，腰纏細橫條紋的紫紅紗籠，抽著方頭雪茄。她的兒子二十來歲，黑髮濃密，一件英文繁雜圖案花梢的紅藍T恤。搭著花布的電視機，是家裡唯一的現代擺設（晚上才有電）。靠近佛龕的木板牆壁貼了幾張照片：仰光的大金塔、曼德勒的金箔寺、翁山父女。

圍著只有冷灰的火盆，我們坐上竹席，主人端來幾杯綠茶。女人講不了緬語，我們的帕烏嚮導只會幾句帕朗語，多數時間，他和女人的兒子講著緬語。尚很榮幸，因為帕朗母子差點把曬成棕褐的我當作緬甸導遊。「你看，你有兩個地陪，一個帕烏嚮導，一個緬甸導遊。Warmly welcome and take care of tourists.」我跟尚打趣，提到緬甸政府招攬外國遊客的那句怪異英文。

「他們在這裡快樂嗎？」忍了一陣，我還是問起。

「快樂。他去過曼德勒，不喜歡那裡。這裡空氣好。」嚮導翻譯著。帕朗兒子點著頭，似乎真的滿足這裡的單純、單調與貧窮。

法國人突然很感慨，就像很多富裕社會的人初到第三世界時那樣感慨。歐洲很多人不快樂。他住的那個小城，現在很多人失業。這還是其次。有些人很窮，在街上要錢！不，要錢的不是亞、非新移民，而是歐洲人。歐洲人！在街上乞討！

正午，坐在山頂 Viewpoint 的涼亭午餐，我跟尚吃著印度薄餅、蔬菜沙拉和扁豆湯，Ko Chit Lwin 縮進廚房，跟本地熟人混在一起。徒步撣邦山地，已是格勞小鎮一樁小生意，旁邊兩個涼亭，坐了四、五個西方人和五、六個廣東人。廣東人很興奮，像幾乎所有中國遊客一樣，忙著輪番拍照吵鬧合影（拍照時，中國遊客似乎總愛擺出各種姿勢），高聲感歎這裡好靚、這裡好靚。

我跟尚隨意聊著。他開過一家小公司，幫人處理文件。寫作是他從未放棄的夢想。現在老了，他不時寫點小東西，給我講起他寫的一個劇本：一對男女在亂世機場的荒誕邂逅。尚早已離婚，兒孫滿堂，但他覺得到頭來，還是一個人過日子舒服。他沒宗教信仰，早年信過基督，後來懷疑並且放棄。佛教他有興趣，他在法國聽過達賴喇嘛一次演講（他喜歡達賴喇嘛的招牌笑聲），但他覺得緬甸人不乏迷信，也很反感藉著宗教斂財的普天騙術。我們聊到翁山蘇姬。美麗的女人，勇敢的女人，他很讚歎，但不理解她為什麼現在跟那些從前的敵人握手言歡。政治，我說，需要妥協和策略，你不能總是擺出一副你死我活的姿態。除了緬甸，尚這次還去過泰國。他也喜歡泰國人，覺得他們自由自信，近代以來從未被外力征服。我們聊起緬甸的未來，再過幾年，也許變化更大，更多自由，更多選擇，更多貪婪，不可避免，雖然就像我們的嚮導剛才所說，我們都不希望緬甸人沒了現有的「單純」。

下山，我們走的是另一條路，更多樹林，涼風把枯萎松針吹了一地。途經一個荒涼小山谷，稻田早已收割，幾頭牛正在田裡吃草或閒逛。半路上，Ko Chit Lwin 從布袋掏出兩小瓶牛奶給我們看，剛才他在山上買的，帶給他的父母。走過林中小路，他問我們信鬼不，他說這裡有個迷信，一人走路，後面會有鬼跟著你。我不信，尚也不信，Ko Chit Lwin 最後說，其實他也不信，因為他一個人走路從沒遇到鬼。這番話彷彿勾起什麼，尚咳了幾聲，有點遲疑：

「我可以問問，這裡的人，死了怎麼辦嗎？」

Ko Chit Lwin 看來並不在意，講起當地喪葬風俗，並以自己為例：「如果我死了，要在家裡停屍三天，所有親朋好友要來哀悼哭靈。佛教徒入土，僧人火化，印度教徒也是火化，就在河邊……」

「你還沒娶老婆，還早呢。」我說。

「佛教徒，他們有墓地嗎？」尚若有所思。

「有。就在那邊。這裡可以望到。」嚮導指著山下鎮外很遠一塊綠地。

「我明天可能會去看看。」尚說。

從另一個方向回到格勞，鎮邊小村都是紅土窄路，道旁竹編籬笆，很少行人。我們真的經過一處墓地，然而矮牆內都是塗成白色的木質十字架，有的年深日久，木頭已經變黑。拐進一條僻靜小路，兩個男子蹲在路旁草邊，撩起紗籠，女人一般正在小解（兩天後回到仰光，我在背街也看到同樣姿勢的小解）。

我們三個在鎮上分手。Ko Chit Lwin 過幾天又得帶外國人徒步去茵萊，尚後天要去東枝附近的品達亞（Pindaya），那裡的山洞有很多佛像，而我明天就會離開格勞一路南下。尚最後告訴我，依然講著慢吞吞的英語：「很高興，有你作伴。你知道嗎，今天早晨，我其實很擔心，生怕來的，又是一個歐洲人。這是亞洲。我不想，在這裡，看到那麼多，歐洲人。」

第二天夜裡八點半，我坐上一輛東枝開來的VIP巴士離開了格勞。讓我高興的是，除了我，車上沒外國人，這也讓我對凌晨才會抵達的終點滿懷怪異期待。我的車票是昨天夜裡買的，一位矮胖的緬甸中年男子，專門把我領到格勞集市外的VIP巴士售票點。他一頭亂髮，戴著眼鏡，酷似金正日，英語流利，甚至帶點英國腔，也住中央汽車旅館。金正日不建議我搭時間更便利的普通巴士。「極不舒服。」他說，讓我想起旅行指南描述這類苦旅的用語：insanely uncomfortable。

東枝開來的巴士晚了半個多小時，我不得不在公路邊的南印咖哩餐附近等了一個多小時，望著山林漸漸變黑，就著一瓶「緬甸啤酒」（Myanmar Beer）打發時間，跟一對三十來歲面色紅潤的紐西蘭夫婦閒聊，他們辭了工作，剛剛開始六個月的環球旅行，緬甸是第二站，倫敦是最後一站。

紐西蘭夫婦要去蒲甘，他們的ＶＩＰ比我先到。兩人剛走，坐在一旁雜貨店長椅上的印度老者出聲了：

「你的英語講得很好。你從哪來？」

「香港。」緬甸人似乎依然看重英語講得不壞的非西方外國人。

「啊。香港不錯。我兒子也在香港。」

「他在那兒做什麼？」

「做貿易。」

就像我在格勞第一天遇到的那個中國女人，印度老者也在格勞住了一世。他做過政府打字員，現在幫ＮＧＯ做點專案，因為退休金實在菲薄。

「每個月四千緬幣，夠什麼？」他歎道，然後問起港元兌換美金的比率。我謅了一個不太離譜的數字。他很滿意。

「格勞不錯，很安靜，空氣好。」我說。

他撇撇嘴，有些不屑：「從前更好。現在滿街中國摩托車。很吵。一輛只要三、四百美金。材料廉價。」

我問他有沒回過印度。沒回過。不回去了，雖然他在印度還有很多親戚。然後，他繼續發表他對格勞的不滿：

「現在遊客太多。這裡的女孩子也變了，開始學著穿短褲背心……」

我的巴士終於到了。

六

從格勞下到平原，夜車盤山而行。公路沒燈，你只看到後面汽車的前燈照亮前面汽車的尾燈。下山這截，一路很多貨車客車，開得小心翼翼。除了零星燈火，窗外沒有風景。如果今夜翻車死去，你的靈魂，恐怕也得在漆黑之中等著天亮才能出竅。車內電視螢幕依然播著緬式肥皂劇。我戴上3M耳塞；過濾之後，汽車引擎和男歡女笑反而清晰，雖然分貝減弱如在夢中。斜過前排，一個暈車的緬甸男子弓腰捧著一個塑膠袋，咳著吐著喘著，彷彿世界末日。

將近兩個小時，我們終於下到平原。快到半夜，汽車停在路邊飲食店。車外空氣濕熱。賣魚湯粉的年輕女人臭著一張臉，對著她的男人捧著不鏽鋼盆，但我還是湊上去叫了一碗，味道比仰光街頭差遠了，或許因為夾雜怒氣。上車，頂燈很快熄滅，今晚娛樂總算結束。朦朧中，燈又亮了，我聽到跟車服務生叫著「內比都，內比都」。凌晨兩點半，很有可能，我是這個時辰來到緬甸新首都的唯一外國人。

雖然凌晨，內比都汽車站卻是路燈通明。長長的兩排兩層新樓閃著零星霓虹，中間的停車場和寬闊車道鋪著混凝土（相比之下，仰光和曼德勒的汽車站，只是幾塊凹凸不平的泥地）。道旁路燈下，三、四家露天攤檔賣著小食、茶水和提神的檳榔籽。七、八輛載客摩托車、計程車和 pick-up 似乎通宵迎客。這個時辰很少有車到站，但是每有大巴開來，八、九個後生都會跟著汽車狂跑，嚷著拉客。二手的日產客車，停在各家客運公司的售票處兼候車室前，一輛ＶＩＰ巴士的車身廣告日文誘人：名古屋到下呂溫泉，「完全預約制，好評運行中」。車尾日文告訴你，這是日本三大名泉之一。然而，濕熱空氣一股檳榔味，下呂溫泉，就像令人絕望的奢望，尤其當你想到，內比都，只是緬甸唯一不會停電的城市。

三、四個當地人擁到我的面前用緬甸話拉客，很快失望卻又興奮。「Foreignah!」他們彼此通報，瞄你幾眼，好像覺得這麼早，怎麼會有怪物一般的 foreigner（外國人）在這裡冒出。兩個司機湊過來，其中一個講著結巴英語（為了讓他明白，我只好跟他一樣結巴）。你從哪來？要去哪裡？例行審問完畢，他一陣比畫，繼續結巴：

「不，這裡沒住的，foreignah 得住市內酒店，坐車去很遠。哦，你想就在這裡坐到天亮，然後雇輛車進城看看，看完了下午就回仰光?!」

「但是內比都很大，你坐我的摩托車比較划算。」另一個司機湊上來。

「不，你嫌白天太陽大不想坐摩托車，要坐汽車，那你坐我的車。」結巴英語報上一個價格，還價空間很小，或許他真的誠實，因為他的報價跟旅行指南寫的相差不遠。

但是 foreignah 累了，坐在一家檳榔攤兼奶茶鋪的塑膠凳上，喝完一杯奶茶，賴著不走，直到幾個當地人不再圍著我東拉西扯。

凌晨將近四點，暑熱慢慢褪去，再沒夜車到站。檳榔攤兼奶茶鋪的中年老闆娘還在堅守，捧著一個迷你平板電腦玩著嘟嘟嘟的遊戲（對於很多緬甸人來說，平板仍是奢侈品）。停車場只剩小販、司機和幾個候車乘客，其中一個僧人（這麼早，看來他們真的要去下呂溫泉）。一個二十來歲的男子過來，跟我瞎扯，用結巴英語告訴我，內比都從前只是一個村子，很少 foreignah，本地很少有人會講英語。我最後發現，這傢伙既不拉客也不候車，他只是閒著沒事，跑到這裡消磨夜色，天亮了還得返工！

等他幽靈一般突然消失，中年老闆娘也準備收攤了。下車後喝的那杯奶茶早已失效，若非在乎嚼過檳榔滿嘴鮮紅有如吸血鬼，我真想買上一包提神。昏沉中，一個中年男子走出某家客運公司，向我招手，帶我走進空無一人的售票處兼候車室，走向一張竹躺椅。靠窗的電視機開著，一個僧人正在講經。我躺上竹椅，蓋上一件薄絨衫，聽任講經僧人把我帶走。

早晨七點過，電視裡的僧人把我帶回內比都汽車站。睡眼惺忪，我走到室外，幾個當地人很快圍上來，但沒一個講得清楚英語（我再沒見到夜裡能講結巴英語的司機）。聽天由命，我指著旅行指南書中緬英對照的名稱，反覆告訴一位司機，我要去看內比都的大金塔，我要去看政府大樓、議會廣場、將軍別墅和噴水公園，我要進城兜一大圈，然後你再把我送回這裡，但是在這之前，我必須買好下午回仰光的車票，我必須先吃早餐。

他眨著眼睛拚命理解，告訴我這樣的話得出一萬五千緬幣（一說到錢，語言障礙馬上消除）。不，太貴了，最低多少？一萬三，他眨了幾下眼睛。接著，他突然想起，讓我上車，把我帶到兩、三百米外一家客運公司。一個三十來歲的男子不僅會說英語，而且能講普通話和粵語：他的母親原籍中國。有了救兵，司機總算明白我的計畫，但是確認車資，他開始反悔，不，一萬三他不去，還得一萬五。然後，救兵也上車，把我領到幾百米外另一個停車場另一家客運公司（內比都汽車站很大），這家的ＶＩＰ大巴是嶄新的德國車，比二手的日本車還要舒服。仰光班車下午一點出發，在這之前，我有足夠時間感受緬甸新首都的詭異。

二〇〇五年十一月六日，緬甸軍人政權正式遷都。新首都遠在仰光以北大約三百二十公里，位於緬甸中部山區一個狹長河谷的綠野之中。但是，要到翌年三月二十七日的軍人節，新首都的名稱才正式公布。內比都（Nay Pyi Taw），意為「太陽之皇都」，聽來不像一個現代聯邦的首都，更像一個封建王國的都城，讓你想起敏東王時代的阿瑪拉普拉，所謂「不朽之城」。

遷都一大理由，有人揣測乃是因為仰光靠海，易受外力攻擊（這個外力，當然以軍人政權當年的頭號外敵美國為首）。迄今為止，大部分政府機構都已遷到此地，軍方要人據說住在帶有地堡和地道的禁區內。然而諷刺的是，絕大部分外國使館依舊賴在仰光，不肯搬到紅太陽升起的氣派皇都。還在仰光時，我在國立博物館一帶的使館區看到，很不氣派的緬甸外交部，也不得不陪著各國使館留在廢都。更為諷刺的是，外交部附近的美國中心（American Center）門外，十來個捧著英文課本的少男少女，一臉清純，正在等待踏上戒備森嚴的門內那一小塊美國領土，接受帝國主義的文化滲透。

如果要給內比都找個姐妹城市，多半你會想到電視上看到的平壤，或是中國遍地開花的各級「行政新區」。這些地方不是給無權無勢的平民準備的，它們的建築總是很氣派，街道總是很寬闊，綠樹草地通常不是供人休憩，而是更像一齣大型團體操的莊嚴布景。

晴空豔陽下，內比都的條條大路幾乎都是八車道，有的單邊就可八車並行，若非順著地勢略有起伏，足可升降波音客機。路邊幾乎沒有行人，偶爾只見幾個裹得嚴實的工人正在修剪綠化帶，或給路口豎著巨型雕塑的綠化轉盤澆水。路上只有零星汽車與摩托車，沒有什麼交通，也許除了要人駕到，你永遠不必擔心交通堵塞意外封路。車外不時晃過一座孤零零的巴士站，有遮陽棚、塑膠坐椅、看板，甚至公用電話亭，但就是沒有巴士，也沒候車乘客。大路兩旁，說好聽些是成片綠樹和綠地，說不好聽則是荒野。各個政府部門的辦公大樓散落在這片荒野之中，除了樓前停著汽車，你依舊看不到什麼人。我好像來到另類蒲甘，這些政府大樓就像供奉神明的荒涼佛塔。然而，這個鬼城一般的現代蒲甘，居民超過九十萬人。

我的司機三十來歲，一路嚼著檳榔。車內擋風玻璃上方懸了一串新鮮的茉莉花。陣陣熱風灌進敞開的車窗，和著茉莉花香和嚼碎的檳榔味。雖然講不了幾句英語，司機基本明白我的隻言片語。每到一個他心目中的「景點」，政府大樓、政府醫院、綠樹掩映不見人影的普通公務員住宅社區、給高官準備卻又空空如也的別墅區，司機都會放慢車速，「嗯」

上一聲，讓我端詳片刻或是偷拍一張照片，甚至問我想不想下車看看。不，我沒興趣下車，除非我能隨意出入隨意打聽。不像我在中國遇到的有些司機，他對本國政府的面子工程並無自豪。面對這片不可多得的詭異和荒誕，我不時搖頭，怪笑幾聲，甚至問起他的感受。他喜歡麼？他當然不喜歡。我告訴他內比都是另類蒲甘，荒野中那些建築，就像蒲甘平原的座座佛塔，他跟我一樣怪笑幾聲，連連點頭，毫不介意一個 foreignah 公然在他面前傷害緬甸人民的感情。

就像仰光很多地方都能望到大金塔，內比都很多地方，也能看到仰光大金塔的贗品 Uppatasanti Paya（意為「祛災之塔」）。「祛災」一語，出自十六世紀一位僧人的經文，尤其用於外力入侵時的念誦）。這座「祛災之塔」高達九十九米，又名「和平塔」，位居小山之頂，只比仰光大金塔矮了三十釐米，供有一枚來自中國的佛牙。「和平塔」於二〇〇六年十一月十二日動工（亦即當局正式遷都之後第六日），在緬甸「國家和平與發展委員會」主席丹瑞將軍伉儷的親切關懷與悉心指導下，不出三年即告落成。

登上高台，鋼筋水泥的「和平塔」，就跟山下的「太陽皇都」一樣人跡稀少。圓柱環繞的大廳金碧輝煌，中央菱形巨柱分別供奉四尊玉佛，佛前地毯前方，立了兩塊緬、英標牌：ONLY FOR GENTS（拐彎抹角告誡，女士不得入內）。拱頂下端雖有緬英對照的佛陀聖諦（其中一則寫著「Noble Truth of Cessation of Suffering」（若滅諦）），四周柱廊雖有佛經故事人物浮雕，然而這個贗品，總是讓我想起極權國家的「人民大會堂」一類建築。步出大廳，巨大台地只有寥寥數人。一個年輕警察在門口踱來踱去，幾個女香客頂著烈日留影。遠處望來氣勢不凡，「和平塔」的粗糙工藝卻是經不起審視。不過幾年，門外水泥圓柱的基座，油漆已經剝落。

走下「和平塔」東邊長長的台階，我看到兩幢涼亭式建築，頂棚是藍瓦黃邊的緬式三重塔，底端四面透風，用欄杆圍住，三頭大象正在裡面踱步兜圈，幾個馴象人吆來喝去，忙個不停。除了那頭成年黑象，另外兩頭一長一幼都是白象，或者，準確說來，借用十九世紀那位緬甸通喬治．史考特的話，你看到的並非白象，因為「暹羅和緬甸現存的所有白象都是老鼠白，有點類似幾乎每頭普通大象腳上都有的淺斑」。

白象是王權象徵。據說佛陀最後一次轉世就是化身白象。從前的緬甸君主，為了搶奪暹羅宮廷的四隻白象，甚至不惜開戰，血洗鄰國首都。史考特不僅詳細寫到白象如何鑑別，也寫到曼德勒的熱寶王朝那頭「白象陛下」（The Lord White Elephant）近乎荒誕的尊貴地位。下面這段話，廣為後世作家和學者引用：「幼時，女人給他哺乳，她們在他的宮殿外排著長隊，這一榮幸為人渴望，因為這頭動物是國之榮耀，不只是皇室獨占。」一百名士兵守衛「陛下」的宮殿，他有三十個僕人（包括一位專責「陛下」事務的大臣）。每天，「陛下」以香湯沐浴，他的器具都是金製。宮廷舞者翩翩起舞讓他開心，嗓音甜美的歌手哄他入眠。

白象仍是吉兆，尤其對於軍人集團。前些年，緬甸某處發現白象，當局大作文章，彷彿政權得到上天認可。不過，走進當今兩位「白象陛下」的殿堂，你倒不必脫鞋，也看不到胸脯鼓脹、等著哺乳的長列女人。宮殿式涼亭前，陽傘下坐了兩個閒得無聊的警察。兩位「陛下」乏人朝拜。牠們周身白毛，皮膚厚實多褶，就像有些白人一樣粉裡透紅。一對中年歐洲夫婦，男人像是來此公幹或度假的外交官，帶著小女兒靠著欄杆拍照，他們是我在內比都見到的唯一 foreignah。白象和白人，彷彿在給「太陽皇都」的怪異添彩。這麼講並非沒關聯，因為史考特寫道，曼德勒的白象陛下脾氣很壞，曾經踩死一人。事情傳到敏東王那裡，陛下很擔心另一位「陛下」將來的福報。但是專責「陛下」事務的大臣寬慰這位陛下：「皇上您別擔心，他不是人，只是一個 kalā（foreignah）。」

如果你把中國人算進來，內比都可能不少 foreignah。第二十七屆東南亞運動會二〇一三年十二月要在這裡揭幕。荒野中，你不時見到大型建築正在施工（除了體育設施，「太陽皇都」仍在基建）。舉行開幕式和閉幕式的 Zabuthiri 運動場，二〇一三年一月落成，設計施工不乏中國公司參與（初到仰光，我在蘇萊塔附近一家啤酒屋的電視螢幕上看到的官式表演，大概就是這個運動場的落成慶典）。但是緬甸國營媒體很少提及中國角色，因為不想國民知道，從場館建設、開幕閉幕到培訓運動員，緬甸的強大鄰國幾乎無孔不入。

「中國藉援助東南亞運動會測試軟實力」（China tests soft power with SEA Games aid），這是英文版《緬甸時報》一篇長文的標題。作者提姆・麥拉福林（Tim Mclaughlin）寫道：「對於中國，正當它對緬甸的政治而非經濟影響似乎減弱之際，東南亞運動會是個展示軟實力的良機。對於跟內比都擴大往來的中國政府和中國公司，體育可以提供一個嶄新和潛在風險很低的回報。」但是，這一「援助」並非無人質疑。一位緬甸議員覺得：「有些國家幫過緬甸，他們從不要求什麼。但我相信中國對東南亞運動會的援助是一種交換，想從緬甸得到回報，而非純粹友善……他們（中國）不擇手段想要進入緬甸……但是他們通常只看到商業機會。」

急沖沖看過新建的噴水公園，旋風式逛過寶石博物館附近冷清的商業街（一家「金雲川餐館」門可羅雀。道旁幾個清潔工，就像不苟言笑、高深莫測的官僚；跟緬甸其他地方不同，你在內比都不要指望見到多少笑臉），我的司機沒有載我去看議會大廈和「涉外」酒店區，因為它們遠在「太陽皇都」另一端，我的時間也所剩不多；找個地方午餐、然後趕回內比都汽車站之前，我們還得在熱氣蒸騰的「波音跑道」上滑行四十來分鐘。

終於，我們經過一個軍營式別墅區，幾十幢別墅用鐵絲網圍住，門口崗亭有軍人把守。「將軍？」我問司機。「將軍。」他說，不知哄我，還是連接地道地堡的將軍別墅真有這麼容易看到。但我還是很滿足，滿足於目睹這片不可多得的詭異和荒誕。半個多月前，在緬甸的第三大城孟眉，我跟那位英國女子蘿拉聊過歐威爾。蘿拉去過平壤，她說住進平壤酒店，最初很擔心自己的財物，但是負責接待的朝鮮同志叫她別擔心，因為她來到了世界上最安全的城市（不用說，也是世界上最快樂的城市）。我在凌晨的內比都汽車站睡了幾個小時，一開始，緊緊捏著裝有鈔票和護照的小背包。等我一覺醒來，一旁地上的「身家性命」紋絲不動。荒無人煙的內比都，或者太陽皇都，或許沒有平壤那麼快樂，但它起碼跟平壤一樣安全。

七

沒有間斷奔走將近一個月，我想用海灘來結束這趟旅行。不是遊客如雲、彼此炫富的那類度假天堂；我想去到瀕臨孟加拉灣的一處僻靜之地。我盼望那裡有些荒涼頹敗，我想在僻靜與荒涼頹敗之中躺它幾天幾夜，就像一個療傷的病人。

晚上七點半，我第二次回到仰光遠郊的昂敏加拉爾汽車站。從人煙稀少的「太陽皇都」回到這裡，混亂、骯髒、擁擠、嘈雜，然而更像人間，雖然依舊第三世界。問來問去，開往羌達（Chaung Tha）和威桑（Ngwe Saung）兩個海灘的班車遠在另一個長途汽車站，我只好先回仰光城內過夜。

站在一家客運公司門前，想到仰光城區那麼遙遠，猶豫是坐公車還是坐計程車，我再次遇到救兵。一名五十來歲的男子跟我搭話，他做過海員，去過曼谷、新加坡、東京和香港等地。「坐公車太麻煩了。你坐計程車吧。你跟我來。」他帶我繞出雜亂的汽車站，攔下一輛計程車，叫我不要出聲，然後用緬甸話告訴司機，我是他的朋友，要去蘇萊塔旁，你只收他多少多少。「你的朋友很照顧你，不然的話，遇到外國人，我會收很多的。」開車後，司機笑道。

逃往海灘前，為了消磨暑熱，我去坐了仰光環線（Yangon Circle Line）。之前，想到節省時間與「保存實力」，我一直避開據說又慢又不舒服的緬甸鐵路（我也不像保羅．索魯，不坐火車彷彿就不算旅行）。仰光環線繞城一周大約三個小時，車廂沒有洗手間，若想坐完全程，你最好清空腸胃。一位中國朋友前幾年坐過，他這麼告誡我。

捏著車票，走上位於市中心的仰光火車站月台，一名車站職員驗過你的護照，然後在開車前吆喝：「外國人跟我來。」幾個外國人乖乖跟著，登上一節骯髒殘破、兩端密封的車廂。除了一端盡頭用一根繩子攔住，地上擺著少許雜物，木板牆壁掛了幾件制服，這節車廂幸好不是外國人專車，「緬人與狗不得入內」。

緬甸人陸續上車，坐上地鐵一般的長長兩列座椅，不忘小心翼翼跟外國人保持距離。車開了，搖搖晃晃，跌跌撞撞。兩個只穿背心的年輕警察走進繩子攔住的禁區，很快背對乘客躺上座椅，四隻光腳高高抬起，靠著車廂盡頭的木板牆壁，像在守護正中那幅無處不有的標語：「Warmly Welcome & Take Care of Tourists.」

仰光環線像個流動集市。每隔幾分鐘，火車短暫停靠一個小站（沿途幾十個殘舊小站，只有個別殖民時代的建築粉飾一新）。車速很慢，進站離站，乘客幾乎可以從從容容跳上跳下。各類小販來來往往。檳榔和香菸攤吊在年輕女人胯前，小食盤頂在中年婦人頭頂，賣冷飲和熱茶的男子拎著保溫瓶。一個後生捏著一疊彩印單張不停叫賣，我好奇要來一張，花花綠綠的蔬果圖片配著緬英文字，但這不是小朋友的看圖識字，而是教你認得「Food Shouldn't Eat Together」（食物搭配忌諱）。坐我斜對面的兩個白人年輕女子買了一張，然後繼續用澳洲口音高聲八卦千里之外的親朋好友。坐我對面的乘客彷彿轉個不停的走馬燈：沉默不語、大包小包的老頭，沉默不語、赤腳蜷上座椅的印度男子，沉默不語、捏著雨傘、側身盤腿而坐的年輕僧人……

我又來到仰光遠郊。只有鐵路沿線，你才看得到那麼多貧民窟，因為數年前，當局把「非法」盤據市中心的貧民統統趕到郊外。一家大型露天菜市就在一個小站旁。開車後，對面的走馬燈變成一對中年夫婦，面前堆滿大包小包蔬菜。女人盤腿而坐，不停理著蔬菜，男人聚精會神，玩著掌中電子遊戲。青綠田野不時掠過。一個二十來歲、纏著頭巾的黝黑男子，眼神迷離，嚼過檳榔的嘴唇兩片猩紅，雙手吊著車門扶手，懸在外面的身子背對青綠，像在享受日落前依舊火熱的豔陽。

凌晨五點一過，三十八街梅菲爾客棧（May Fair Inn）的乾瘦老東家給我開了大門。這家旅店乾淨而清靜，就在毛姆和歐威爾住過的濱河飯店背街。訪客太多，仰光房貴。小小的梅菲爾，唯一空房是雙人間，空調熱水，擺設簡樸，不帶早餐，沒有電視，每晚卻要二十五美元，但是一路問過十來家，你好歹找到棲身之處。或許部分因為我不得不出示的中國護照，老東家不苟言笑，甚至生硬，讓我暗自惱火。住過兩晚，提前訂好四天後從海灘回來的最後兩晚客房（總算有個十五美元的單間空出），我沒想到他黑著一張臉打開大門，一直把我送到巷口大街。

「幫你叫計程車。」他說。我要趕到城西仰光河對岸另一個長途汽車站，開往威桑海灘的VIP巴士從那裡發車。即使凌晨，一路順風，從市區趕到汽車站也要將近一個小時。過了仰光河橋，路旁一個海鮮早市和幾輛大貨車把道路塞滿，我們蝸牛一般蠕動十來分鐘。嗅著魚腥味，想著仰光兩個天遠地遠的長途汽車站，我不禁歎道：「Stupid government!」（愚笨的政府！）「Stupid government!」印裔司機哈哈一笑，重複著我的話。

連我在內，開往威桑的VIP坐了九個外國人：昨天在仰光環線跟我斜對的兩個澳洲女人（依舊聊個不停。我們眼光相遇，但沒點頭）；一對成都口音的中年夫婦（兩人都穿又紅又黃的刺眼T恤，彷彿傳遞北京奧運聖火的中國健兒）；兩個三十左右的歐洲光頭仔和斯文仔（顯然剛剛認識的露水朋友，也像澳洲女人一樣聊個不停）；一個滿臉青春痘的中國女孩（捏著一頂大草帽，過時連衣裙幾乎拖地，像個浪跡天涯的文藝女青年）；第一排靠窗，一個肥胖的中年白人女子就坐我的身旁，她的右臂右腰，毫不客氣頂著我的左臂左腰，並非有意，而是日本車的座位，實在容不下她的寬闊。

離開醜陋城郊，一路往西，狹窄公路幾乎筆直。伊洛瓦底江，即將匯入南邊大海，支流無數，橋梁眾多，小河浮滿水信子。看到牛車、佛塔、稻田、菜地、村莊、棕櫚樹、甘蔗林和路旁搖著鐵缽籌款的善男信女，我的鄰座都會翻開小本硬皮筆記寫上幾句，像是我的同行。快到勃生（Pathein），大海不遠，汽車停在路邊，一個滿臉微笑的中年移民官上車，把所有外國人的護照拿到檢查站登記，並且逐個詢問，彷彿你要去的是另一國度：你從哪來，之前投宿哪裡，要在威桑待多久。我的同行原來是美國人，但我無意搭話；旅行將近尾聲，我想做回孤島，況且正往孤島。停車吃飯，過了勃生，汽車繞著小山爬坡。跟德國斯文仔聊個不停的荷蘭光頭仔突然叫道：「The sea.」透過車前擋風玻璃，山下遠處，熱氣和著水氣，孟加拉灣隱隱約約。

由北朝南，沙灘棕櫚，威桑海灘綿延二十公里。北邊，靠近鎮上，是背景可疑、相對氣派的度假酒店。我這一車外國人，看來沒有成功人士。剛一下車，本能一般，人人坐上摩托車或三輪單車，順著左邊稻田右邊棕櫚的狹窄公路，一路往南。

愈往南端，圍牆房屋愈低端愈衰敗。走進一個大院，松樹棕櫚夾道，Pearl Ngwe Saung Resort，名稱堂皇，幢幢平房隔成兩半，屋頂紅色瓦楞鐵，天花牆壁竹篾木板。我的半邊大屋二十五美元，門前小堆垃圾，陽台兩把塑膠椅，其中一把，椅背扶手洗不淨的污黑。客廳後面的臥室，一頂粉紅圓帳罩住一張大床，蚊帳窟窿貼著膠布。陳舊的窗式空調和迷你冰箱純是擺設，白天沒電，即使有電，空調冰箱也不通電。入鄉問俗，我一直想看緬甸電視（我想驗證能否看到BBC和CNN），總算住進有電視的房間，但是一個頻道也收不到。屋後幾十米開外，一台發電機和屋前海浪交響。浴室只有冷水，間隔臥室的竹牆一道裂縫。幾次走進浴室，我都看到裂縫外一隻大蜥蜴的長尾巴。牠很害羞，總在躲我。只有踮著腳尖猛然闖進，我才看清這位倉皇室友，從頭到尾，足有半臂長。

然而海在屋前。走下台階，兩、三百米外就是大海。午後沙灘，異常冷清。即使黃昏，漲潮前，你也看不到密密麻麻的泳客。好一陣子，與我同車的荷蘭光頭仔頂著烈日在沙灘來回晃蕩，跟我一樣孤魂野鬼，他的露水朋友不見蹤影。成都口音、大紅大黃的兩個奧運火炬手，總算換了行頭，一臉興奮，拎著相機到處寫生。滿臉青春痘的中國女孩，頂著大草帽拖著連衣裙，拿著相機也在「創作」。度假村大廳，幾個男女夥計圍著電視在看哭哭啼啼的韓劇。一個黑人女孩坐在笨重的中式木椅上，拿了一本書望海。她從瑞典來，住了一個禮拜，後天要走了。

轉回我的半邊大屋附近，一個壯實的白人老太太正要出門。

「Hello. Bonjour. Do you remember me?」我打著招呼。

她愣了幾秒，一張大臉綻開微笑：在孟眉，我們一起去過跟新加坡一樣大的比盧島。

法國老太太的旅伴，另一個瘦小老太隨即現身。隔了將近一個月，兩人似乎多了微笑，少了古板，也能冒出幾句英語。

說起法國人，我在帕安遇到一位怪異的荷蘭老太太，一口飛快的英國腔，說話總是一副神祕兮兮。她跟法國人似乎有仇，幾次短聊，若不貶損幾句法國佬，她都不會甘休，但是她的尖酸刻毒，讓你沒法不笑。我還記得，我說中國人和韓國人是現在最恐怖的遊客。「不。法國人。」她一本正經，拍著我的臂膀，像個老兄。「他們到處都是。從來不講英語。從來不笑。」她也不滿俄國人。她在緬甸見過一大幫俄國遊客。我說俄國人沒啥稀奇。「不。他們來自俄國東部，塊頭很大。」

因為房屋頹敗，威桑海灘，至少屋前這片，缺少時髦男女和漂亮人兒（beautiful people）。西方婦人穿著比基尼挺著肚腩走來走去，緬甸男子騎著摩托車沙灘兜客，偶爾一個本地女人頂著黑乎乎的油炸魚蝦，走到你的面前叫賣。「Foreignahs' beach。」從鎮上把我載到這裡的摩托車司機告訴我。保守的緬甸女人不會穿著比基尼下海，你甚至看不到一身泳裝的本土女子；她們想要浸浸海水，都是裹著紗籠套著上衣，彷彿失足跌落水中。路燈燈罩破碎，沙灘躺椅散架，救生瞭望台空無一人，雖然大海常新。這裡就像外國窮人和外國失敗者的樂園，在一個更貧窮、更失敗的國家，以毒攻毒。

除了黃昏跑到鎮上閒逛，除了趁著退潮涉水登上小小的情人島，我在這片荒涼頹敗之中半躺半睡四天，躺在棕櫚葉搭成的涼棚裡，躺在陽台，躺在沙灘，躺在罩住大床一股汗味的粉紅圓帳內。夜裡，威桑海灘就像仰光一樣早早打著呵欠，沒有營火，沒有派對，只有海浪、星空、月亮、烏鴉和蝙蝠，只有陽台每晚都會給你點燃的蚊香，還有隔壁那個老鼠一般躡手躡腳的白人女子獨坐陽台一根蠟燭。走上昏暗沙灘，海浪凶險，我看到一個黑影，那是荷蘭光頭仔：人人都是孤島。第三天早晨，掃地小廝終於把門前那堆垃圾捧走，用手。不足四天，我的室友，那隻害羞的大壁虎，就把浴室洗手盆邊那兩塊小圓香皂偷偷搬到自己窩裡。

兩個法國老太太先我一天離開，她們要飛曼谷轉機回國。從孟眉到威桑，我們的旅行幾乎同時開始，也幾乎同時結束。在威桑最後一晚，我去了度假村外公路旁一家餐館。三十來歲的老闆娘是若開族，長得很像歌星王菲。我喝的大瓶「緬甸」啤酒，瓶蓋內寫著獎勵一瓶，但她偏不兌現，抱怨小地方進價昂貴不比仰光。「她很能幹，很不容易，又是單身。」王菲在後面廚房忙著給我燒烤，她的孟族女朋友跟緬族老公坐在鄰桌，悄悄告訴我，語調曖昧，像在說媒。

我問幫廚小妹可有佐酒小食，一個中年的緬甸男子突然出現，笑著，聽著，一言不發走向椰林後面的村子，很快端回一小碟油炸蝦米。他死活不收我的錢，仍是笑著，兩眼發直，坐在我的桌前，看我嘗著蝦米，一會兒跟我握手，一會兒瞪著一旁暗笑偷偷跟我比畫的孟族女人和她老公。

過了好一陣，我正發愁這齣意外上演的默劇不知如何收場，一個中年的休班警察騎著摩托車路過，進來喝了一杯奶茶。「走，我帶你去鎮上。」警察對中年男子說。他乖乖站起，最後一次跟我握手，拉著不放，點著腦袋，就像捨不得，就像我是他的搭檔，就像我是他好不容易找到的一個知己。

後記

離開緬甸將近半年，我在二〇一三年八月九日的《華爾街日報》讀到一篇報導：Yangon Commemorates 1988 Protest It Crushed（仰光紀念一九八八年遭到鎮壓的抗議活動）。這個星期三（八月七日），一萬人聚集仰光，紀念一九八八年緬甸民主運動二十五週年。這不僅是緬甸二十多年來第一次公開紀念，也是第一次有文人政府的高官出席。紀念活動為期三天，組織者是「八八學生會」（88 Generation Group of Students），成員都是當年參與民主運動的學生。除了翁山蘇姬的四十分鐘演講，還有電影放映和攝影展覽，組織者並且製作了一個當年關押民運人士的囚室模型讓人參觀，流亡海外的緬甸少數族裔異見人士，也獲當局批准，回國參加紀念活動。

一九八八年八月八日，仰光學生反抗軍人政權的示威遭到殘酷鎮壓。隨後一個月，全國各地成千上萬民眾上街要求民主，當局出動軍隊，三千多名學生、僧人和平民死在軍人政權的槍下。這是緬甸現代歷史最慘痛的記憶，但是它讓世人知道翁山蘇姬，也為二十多年後的「緬甸之春」播下無數種子。為了悼念那些死難者，八月四日的英文版《緬甸時報》，首次刊登了獨立攝影師廷溫（Htein Win）當年在仰光街頭拍攝的多張照片，有參與示威的仰光市民、學生、僧人、公務員、警察，甚至軍人，也有翁山蘇姬在仰光大金塔西門面對無數民眾的第一次演講，更有當年三月另一次流血之後，仰光郊外茵雅湖上漂浮的諸多花環和一旁游泳的學生。

相對近期的土耳其和埃及，「緬甸之春」繼續讓人適度樂觀：美國和歐盟逐步取消針對緬甸的經濟制裁和諸多禁令，可口可樂等西方公司開始進入緬甸；二〇一三年四月，緬甸當局廢除了將近半個世紀的新聞審查制度，允許獨立辦報；二〇一三年七月，緬甸總統吳登盛訪問歐洲，告訴英、法首腦，緬甸將在年底以前釋放所有政治犯，該國不會再有「良

心犯」；前不久，翁山蘇姬也告訴外國記者，她有意競選下屆緬甸總統……[4]

當然，退到幕後的緬甸軍方依然不受制約，若是政局動盪，隨時可能以「維護國家安定和統一」的堂皇藉口捲土重來。緬甸西部沒有國籍的穆斯林族群羅興亞，依然受到當局排斥與迫害。榮登二〇一三年七月一日《時代週刊》封面人物的曼德勒僧人維拉圖，依然在向信眾灌輸敵視穆斯林的極端言論；這位僧人告訴《時代週刊》，美國總統歐巴馬的血液受到黑人穆斯林的污染，緬甸的九成穆斯林都是激進壞人（緬甸大約六千萬人口，穆斯林只占百分之五），「保護我們的宗教與種族，比民主更為重要」。

民主是建立開放、包容與公平社會的一大基石，遠比「保護我們的宗教與種族」重要。二〇一二年十一月十九日的《緬甸時報》有篇文章：China, a hidden danger in the reform

---

4 時至二〇一五年，緬甸的絕大部分政治犯早已出獄，但是該國的改革進程又有新的倒退。當局仍然不時騷擾、恐嚇和檢控非官方傳媒的從業者。緬甸的穆斯林少數族裔羅興亞人繼續受到歧視和迫害，基本權利不得保障。二〇一五年十一月八日，緬甸將要舉行全國大選，正式結束持續將近五十年的軍人統治。然而，根據之前軍方支持的國會制定的憲法（這一憲法的修訂，也為軍方控制的國會否決），因為兩個兒子持有英國護照，翁山蘇姬領導的全國民主聯盟即使大獲全勝，她也不可能就任下一屆緬甸總統。出於政治和大選考量，翁山蘇姬也不復舊我，從英勇無畏的民主英雄變成深思熟慮的政壇精英。她對羅興亞穆斯林命運的沉默不語，她對國內激進佛教徒諸多偏執言行的沉默不語，她訪問北京時，公開場合絕口不提中國當局關押的另一位諾貝爾和平獎得主劉曉波，都讓不少人困惑，以至失望。

process（中國：改革過程中的隱患）。作者認為，北京向來宣揚的中緬「胞波」情誼，不僅掩蓋歷史衝突，也淡化緬甸國內普遍存在的反中情緒。這些年，出於地緣政治和經濟利益的考量，透過支持緬甸軍人政權，北京優先獲取資源和基建項目，中國公司那套賄賂手段，也在緬甸暢通無阻，以至民意覺得，軍人政權把國家賣給了中國。但是，緬甸一旦變革，公民社會一旦萌生，北京的作法就遇到麻煩。二〇一一年九月，緬甸總統暫停了中國投資的密松（Myistone）大壩水電專案，這在為所欲為的軍人政權時代，簡直不可想像。在反對者看來，密松大壩不僅破壞生態與文化遺產，也是對緬甸資源的掠奪，因為，在一個電力長期短缺的國家，大壩一旦建成，九成電力卻要輸往中國。

身為普通旅行者，我的確也不時察覺緬甸民眾對中國潛在的敵意，雖然這一敵意並非危及人身安全。我在曼德勒結識的年輕僧人，把我介紹給路上相遇的他的老師，那位上師只是不陰不陽哼了一句：「Chinese.」然後扭頭就走。我在撣邦南部的徒步嚮導，對中國和中國人不少負面看法，然而他的話並非毫無來由。離開緬甸之前一天，我在仰光的蒲甘書店遇到一位美國攝影師，聊起第三任聯合國祕書長吳丹的孫輩吳丹敏（Thant Myint-U）關於中、印、緬的近著；美國攝影師告訴我，他能感到普通緬甸人對中國的hatred（恨意）。我也很少聽到緬甸平民讚揚中國，他們對美國、西歐和日本及其國民或許不乏好感，甚至一廂情願，然而一聽你來自中國，他們的反應，至少出於禮貌，更多則是沉默與不置可否。

拋開一己尷尬，緬甸不少民眾對中國的這一惡感或 hatred，對於雙方並非好事，就像翁山蘇姬所說，不論喜歡與否，中國都是緬甸的強大鄰居，你總得跟它小心周旋。北京在緬甸有著巨大的經濟利益和長遠的戰略考量，未來的緬甸政府也許更親西方，但跟中國的關係，尤其經濟方面，仍將千絲萬縷。只是，即使身為無辜個體代人受過，在緬甸，我還是因為自己無力改變的身分而羞恥，因為北京當局在緬甸的所作所為而羞恥，不得不隨機虛構自己的來歷。我的羞恥，跟我在緬甸第三大城孟眉遇到的那位英國女子蘿拉因為殖民主義的羞恥沒有兩樣。

〈這個緬甸〉，只是作者短短一個月的旅行記錄，既非採訪報導，亦乏政經敘述。儘管緬甸自然風光很美，但是我對一路遇到的人和事更有興趣。不同於長居某處，旅行要義在於流動。這個流動過程，讓你不斷遇到人和事。它們難免浮淺，但是好比一幅拼圖，讓你慢慢看到整體。旅行也是暫時忘掉自我的最佳方式。我也的確忘掉自我，尤其因為個人引以為恥的中華人民共和國國籍。在一個陌生國度，你可以隨時或不得不虛構一己身分，自欺欺人，盡可能做你想做的自我，盡可能避免不必要的尷尬：這個世界從來都不平等。

旅行也有悖論：做外國人總是比做本國人容易。不論動身之前讀過多少相關論著，你看到的另一個國度，總是隔了一層玻璃，就像我的西方朋友，他們完全理解活在文字審查無處不有的中國之無奈，但是身為中國作者，每時每刻親歷痛苦，則是另一碼事。緬甸還在變革。我只希望，下一次去那裡，我會看得更清楚。

二〇一三年八月十三日雲南大理初稿
二〇一五年八月五日四川成都二稿

參考書目

本文主要參考書籍（正文的中文引語，均為本文作者翻譯；除非特別，這些引文恕不註明出處）：

The Native Tourist: A Holiday Pilgrimage In Myanmar, Ma Thanegi.
The Making Of Modern Burma, Thant Myint-U.
The River Of Lost Footstep: Histories Of Burma, Thant Myint-U.
Where China Meets India: Burma And The New Crossroads Of Asia, Thant Myint-U.
Golden Earth: Travels In Burma, Norman Lewis.
Finding George Orwell In Burma, Emma Larkin.
Everything Is Broken: A Tale Of Catastrophe In Burma, Emma Larkin.
The Trouser People: Burma In The Shadows Of The Empire, Andrew Marshall.
The Burman: His Life And Notions, Shway Yoe (Sir J. George Scott).
Letters From Burma, Aung San Suu Kyi.

Freedom From Fear: And Other Writings, Aung San Suu Kyi.

The Lady And The Peacock: The Life Of Aung San Suu Kyi, Peter Proham.

Essays, George Orwell.

In This Very Life: Liberation Teachings Of The Buddha, Sayadaw U Pandita.

Ghost Train To The Eastern Star, Paul Theroux.

Myanmar (Burma) Travel Guide, Lonely Planet.

The Gentleman In The Parlor, W. S. Maugham.

波爾布特的叢林小屋

一

從暹粒到安隆汶，只有一百二十四公里，車程兩個半小時。然而，如果你問暹粒街頭來看吳哥古蹟的各國光鮮男女，恐怕少人知道，沒人要去。

「安隆汶？我在那裡住了三年。」暹粒街頭一位四十左右的嘟嘟車（tuk-tuk）司機說。我說起波爾布特和赤柬後期的二號人物塔莫。

「塔莫。我在安隆汶見過他。很友好。他在那裡就像國王。」

「你不知道塔莫殺了很多人？」

「知道。但他只殺其他地方的人。」

我問他有沒有見過波爾布特。沒見過。沒人見過波爾布特。另外兩個摩托車司機附和著。這位老兄似乎瞭解一點歷史。波爾布特是在法國受的教育；他很神祕，躲在幕後。看我捏了一份剛買的英文《柬埔寨日報》（*The Cambodia Daily*），他開始關心金邊最近的示威。他當然支持反對黨CNRP（柬埔寨救國黨）。「The government is very bad.」（政府很差勁。）

安隆汶位於北鄰泰國的柬埔寨奧多棉吉省，扁擔山脈成為兩國天然邊界。這裡連同周圍地區，是赤柬控制的最後一塊「革命根據地」，直到一九九八年才歸順金邊政府。安隆汶及其附近叢林，也是波爾布特、農謝、宋成、喬森潘和塔莫等赤柬高官的藏身之地。一九九七年六月，因為懷疑宋成暗中與金邊談判準備投降，波爾布特下令殺死宋成一家和助手總共十五人，隨即引發內訌。大權在握的塔莫宣布波爾布特為叛徒並將他軟禁。同年七月底，在距離泰國關口只有幾分鐘路程的柬埔寨一側，波爾布特「受審」，「革命法庭」判他終身監禁。一九九八年四月，幾乎就在安隆汶落入金邊政府手中的同時，波爾布特病逝於附近叢林。他的遺體，在他「受審」不遠的一處空地火化。跟他一起化為灰燼的，還有一堆垃圾和汽車輪胎。

除了我，午後從暹粒開往安隆汶的殘舊韓國大巴，只有十來個毫不光鮮的當地乘客。上了車，驗票的車站職員懷疑我的四美元車票有誤，以為我不僅從遠離暹粒的磅湛一直坐到這裡，接著還要去安隆汶。「怎麼可能？」我笑著抗議。前排一個黑黑的高棉青年轉過頭，對我露出一嘴不無理解的友好白牙。

出了暹粒城區，上到一路往北的六十七號公路，車輛漸漸稀少。路旁象草高過人頭。綠色荒野點綴青碧稻田。糖棕和椰樹挺立這片孤遠。偶爾幾間窮苦木棚。幾個村童在黃褐溪流之中嬉戲。遠山突然出現。經過一片茂密森林，荒野或稻田之中，愈來愈多燒得焦黑的大小樹樁。燒荒開田。我在寮國萬榮一帶也見過同樣光景。它讓你心生淒涼，彷彿浩劫見證。

下午四點一刻，我到了安隆汶。鎮中心的和平鴿轉盤，是現任總理洪森送給歸順軍民的禮物。幾條覆滿紅褐塵土的坑窪公路兩旁，成片簡陋房屋都是亂七八糟的商鋪。轉盤周圍的大小看板，不少洪森照片。其中一張，總理閣下坐在田埂上，脖子圍了一條紅白格子的 krama（傳統的高棉圍巾），咧嘴而笑，像個淳樸的高棉農民。

二

第二天一大早，我在路邊雇的摩托車司機，決定帶我先去波爾布特的叢林小屋。那裡最遠，就靠邊境。出了鎮上往北，狹長公路依然荒涼，兩旁人煙稀少。飛馳將近一個小時，我們來到山坡的柬泰邊境。距離冷清關口幾步之遙，一幢十層左右的酒店兼賭場矗立公路左側。比照對過一溜低矮商鋪，這個尚未完工的龐然大物突兀怪異。往右，拐上一條黃褐的泥土小路，漸漸深入叢林。道路不再是道路，坑窪，泥濘。季風雨後，溪水或雨水到處流淌。空氣清涼濕潤，路上偶爾飛過一隻豔麗怪鳥。

我在摩托車後座不停顛簸，緊緊抓住車尾把手，不時抬腳，避開車輪劃破的攤攤泥水。愈往叢林深處，愈多插著國旗的士兵棚屋和哨所。士兵的目光（他們多半該是赤柬後代）既不友好，但是亦無敵意，不時尾隨著你。零零星星的叢林人家，就像平原一樣燒荒開田，漆黑樹樁立在田間、荒地和孤寂池塘。

大約半個小時，我們來到塔莫懸崖。站在這裡，可以俯瞰延伸天際的高棉北方原野。一座磚木結構的瓦頂平房立在荒草樹叢之間，除了幾塊磚頭，幾只空空的塑膠水樽，屋內一片荒蕪，就連木頭地板也被洗劫，只剩幾根梁柱和支撐地板的木架。塔莫曾在這裡住過。屋內一堵牆上不少塗鴉。有人用法文大書：TA MOK, ASSASSIN DE L'HISTOIRE（歷史殺人犯）。塔莫素有「屠夫」之稱，赤柬時代不少殘酷清洗，都是他的得意之作。這句塗鴉，該是對他的最佳「紀念」。

離開塔莫懸崖，迷宮一般的林中小路通往東北。路上幾乎無人，橫斜樹枝不時拍打司機頭盔。隨著時疾時緩涉過泥濘的摩托車東搖西晃，你不禁懷疑，這位三十來歲、能說簡單英語的精瘦司機，是否真的要把你帶到波爾布特藏身之地？這裡遠離人煙，為了財物，他足可在此把你幹掉，然後棄屍而去。又是將近半個小時，經過枯樹挺立的大片池塘，你聽到樹叢後一條小溪的水聲，摩托車終於停下。司機轉過頭，指著路旁一塊殘舊的藍色鐵牌：「Sir, you can photo here.」（先生，這裡可以拍照。）

斑駁陽光照著鐵牌上的白色高棉文和英文：「Pol Pot's House. Please Help To Preserve This Historical Site.」（波爾布特的房子。請保留這一歷史遺址。）前行數步，一幢紅磚平房，外牆潮濕發黑，藏在雜樹野草之間。屋前小院，一個黑洞通往地窖。我踱進霉臭空房，一只橡膠車胎做成的黑色涼鞋，曾是赤柬標準行頭，躺在一堆垃圾之中。攀上屋頂平台，一道鏽蝕鐵欄連著磚頭砌成的水箱（鐵欄上，一塊刻著高棉文的木牌字跡剝落，勉強可辨「請保留此處」的英文字）。除了我和司機，這個當年禁地四周無人，只有遠處溪流汩汩，幾株高大的金合歡樹垂下枯乾的細長果實。詭異的是，如果我沒認錯，幾株樹幹滲出白跡的毒樹（Sleng tree）就在屋後；我在金邊郊外的赤柬刑場特意看過這種樹。

菲利普・蕭特（Philip Short）的波爾布特傳《波爾布特：解剖夢魘》（*Pol Pot: Anatomy of a Nightmare*），憑藉二〇〇一年作者的親身尋訪和波爾布特助手的回憶，這樣描寫叢林小屋的當年情景：「環境優美。波爾的房子在一個崖邊，高踞向南延伸至天邊的平原之上一千英尺。那是磚房，鋪了瓷磚和泰國運來的浴室設備；有個帶欄杆的天台，爬藤遮蔭，吊在樹上的椰子殼栽了蘭花，晚上他坐在那裡；下面，炸開岩石，有間帶鐵門的地下室，放著文件和武器。室內只有法國殖民時代風格的木製笨重扶手椅，還有一把藤條和竹子編的躺椅。」

那是一九九四年，安隆汶落入金邊政府手中，波爾布特只得退到這裡。他年近七十，疾病纏身，常常需要吸氧。翌年，一次發病令他視力受損，左半身部分癱瘓。他把更多時間留給家人，尤其八歲女兒，他跟第二任妻子所生。他教女兒高棉文，給她做她喜歡吃的東西。他也開始回憶往事，他的口述筆記可惜不見蹤影。他還喝泰國人給他帶來的威士忌或白蘭地，用很多時間聽他年輕時代愛聽的高棉傳統音樂，閱讀泰國寄來的報刊，甚至包括法國八卦週刊《巴黎競賽畫報》（*Paris-Match*）。

如果少了另一面，以上描述，大概很像極權國家文宣機構善於炮製的所謂偉人晚年，溫馨而動人。但是，就在這裡，波爾布特下令殺害他的老朋友宋成一家。在這之前，一九九四年九月，他還下令處決三名英、法、澳背包客（當年夏天，赤柬襲擊一列火車，三人被擄為人質）。沒有特別理由殺死這三名無辜而倒楣的西方遊客，赤柬後期也幾乎放棄苦行僧式的共產主義，然而，正如菲利普．蕭特所寫：「波爾可能不再以共產主義為目標，但是朋友和敵人的界線，那些應該保存的人和那些活著沒有價值的人之區別，依然像從前一樣絕對。」

距離波爾布特叢林小屋幾步之遙，則有他的幾名助手和忠實盟友喬森潘的房子，在這之外則是雷區（現已清除）。這些木屋早已坍塌，只有喬森潘的房子前面，立了一塊跟波爾布特小屋同樣的標牌：請保留這一歷史遺址。但是雜草叢中，你只看到幾個像是放置木椿的淺坑，還有燒得焦黑的小塊空地。或許，再過些年，無情叢林也會把波爾布特的房子吞噬。

三

順著曲折和泥濘小路，大概四十分鐘後，摩托車司機又把我帶回賭場所在的大路近旁。小路一側，兩間木板和鐵皮小屋，門前木架擺著、吊著一堆日用雜貨，黃土地上散布垃圾和阻擋雨水的沙包，幾個村民在看鬧烘烘的電視。對面幾步，荒草一人多高，一堆垃圾旁，立了一塊藍底白字的標牌：「POLPOT WAS SENTENCED HERE.」（波爾布特在此被處決。）沒有我在照片上見到的涼棚，它早已倒塌，只有短短一截木欄，還有荒蕪遠處另外一堆簡陋棚屋。

標牌英文應該沒有寫錯。一九九七年七月，在這裡「接受人民審判」的，除了波爾布特，還有他的三名死黨。美國記者內特．賽耶（Nate Thayer）和一名西方電視攝影師，應邀記錄了這次「審判」。賽耶後來寫道：「這番精心策畫的表演，讓人想起中國文化大革命畫面粗糙的黑白電影片段。」我在YouTube看的一段紀錄短片，恰如賽耶所寫，現場的「革命群眾」義憤填膺，不斷振臂：「打倒可恥叛徒！打倒雙手沾滿鮮血的叛徒波爾布特！」然而這名被告，不像雙手沾滿鮮血的魔鬼，更像一名無助老者，「坐在一張竹凳上，捏著一根竹杖和一柄藤扇……一個痛苦的老人，疲憊的眼睛盡量誰也不看，而是看著一生的遠景徹底潰敗……」

研究柬埔寨的美國學者戴維．錢德勒（David Chandler），著有《一號大哥：波爾布特的政治傳記》（*Brother Number One: A Political Biography of Pol Pot*），是我讀過的另外一本出色的波爾布特傳記。錢德勒精闢分析赤柬殘餘意在吸引國際社會並且討價還價的這場表演：「也許，毫不出奇的是，波爾布特並非因為一九七〇或一九八〇年代所犯罪行而被指控，這些罪行，在場很多人和指控他的人都曾有份。相反，他被控殺害宋成，掠奪人民財產，下令焚毀他們的房屋，驅使他的疲憊追隨者進行一場沒有休止的戰爭。」

更具公信力的國際審判並非毫無可能。一九九七年中旬，金邊政府曾與美國駐泰大使館武官協商，計畫派出突擊隊，把波爾布特從安隆汶劫持，再將他送到停在泰國灣的美國軍艦上。但是，突擊隊必須經過泰國領土。最後一刻，泰國軍方一名高級將領否決了這一行動。正式審判波爾布特的另一可能，則是一九九八年四月十五日晚上八點，美國之音高棉語廣播頭條新聞引述內特．賽耶的話，監禁波爾布特的赤柬殘餘，決定把他交給法庭，面對反人類罪行的起訴。遺憾的是，就在當晚，波爾布特在睡夢中去世，死於心臟衰竭。

波爾布特的火化處，就在「審判」他的舊址附近。一塊空地，兩、三個籃球場大小，周圍長滿雜樹。一根繩子有氣無力懸在入口，擋著去路。時近正午，四周一團熱氣。一個十來歲的高棉少年，無所事事躺在入口樹下的吊床上，大概很多天都見不到一個「慕名而來」的外國人。「一美元。」他說，但我可以出來再給錢。

空地中央，黃土和雜草環繞，幾根殘舊的水泥樁，混雜木欄和藍色紗網，圍住一個低矮木棚，棚頂幾張鏽蝕鐵皮。在這下面，一圈倒插地上的玻璃空瓶圍著小堆沙土，波爾布特就在這裡化為灰燼，連同一堆垃圾和橡膠車胎。他的火化儀式，沒有顯要人物到場，甚至他的妻女也未現身。目睹當年這場大火的人後來告訴記者，那一場景「讓人噁心」。波爾布特的同黨和赤柬「屠夫」塔莫絕非善人，但他告訴自由亞洲電台一名高棉記者的這番話堪稱精準：「波爾布特死了，就像一枚爛熟的木瓜。沒人殺死他，沒人毒死他。他現在完了，他無權無勢，他沒權利，不如牛糞。牛糞比他有用。我們可以用它肥田。」

波爾布特死前半年，接受內特・賽耶兩個小時獨家採訪。這是他十八年來首次與記者對話。回到暹粒，我在 YouTube 找到這次採訪的十來分鐘片段（安隆汶幾家冷清客棧或招待所都無 WiFi）。畫面上的波爾布特，面帶微笑，語氣柔和，就像赤柬盛期採訪波爾布特的美國記者伊莉莎白・貝克（Elizabeth Becker）所寫，哪怕是在譴責敵人，他的嗓音也極為平和，他的姿態可稱優雅。賽耶告訴他，世上很多人覺得，他要對成千上萬無辜受難的高棉人之死負責。波爾布特帶著微笑答道：「我願意告訴你，我從事鬥爭，不是為了殺人。即使現在，你可以看著我，我是一個野蠻人嗎？我的良心是清白的。」他很巧妙，承認犯過錯誤，但是，如果沒有他們的奮鬥，就不會有柬埔寨這個國家。然後，他開始自憐，他的疾病，他的家人：「我年老多病，我的政治生命和個人生命都已結束。高棉人關於老年有句俗話，生老病死。現在只剩死亡，但我不知道什麼時候。」採訪就要結束，他說：「我覺得很累、很累。」

波爾布特這個名字，早已如同希特勒、史達林和毛澤東等極權暴君，成為二十世紀人類殺戮與恐怖的同義詞。然而詭異的是，就像你在中國常常看到毛澤東的畫像或塑像被有些民眾奉為驅災神明，波爾布特化為灰燼的這堆沙土前面，一個簡陋香爐也插滿燃過的線香。你根本想不到，這個讓一百七十多萬柬埔寨人喪生的革命者，竟然還有人，在他的火化之處點上一炷馨香。

走出波爾布特的火化地，我的摩托車司機告訴我，他的父母曾是赤柬。

「你喜歡波爾布特？」我問。

「喜歡。」

「為什麼？」

「因為他讓我在賭場有好運氣。」

原來，他進賭場或買彩票時，常來這裡燃上一炷香（隨後，在沒有銘文的塔莫陵墓，他告訴我，他也在那裡點香祈求賭運）。

「你不知道波爾布特殺了很多人？」

「……」摩托車司機茫然望著我。只會幾句簡單英語，他可能根本沒聽懂。他或許真不知道，讓他賭運亨通的波爾布特，當年曾經取締一切貨幣和交易。

二〇一三年十月寫於柬埔寨馬德望和泰國阿育塔亞

S-21，金邊

金邊的三輪摩托車司機很熱情。「Hello, sir, tuk-tuk?」這是他們對外國人的例行問候。但是一路聽來，你雖然笑著搖頭，卻也不堪其煩。

Tuk-tuk（嘟嘟車）是三輪摩托車的東南亞叫法。「No money, no massage, no tuk-tuk.」（沒錢，沒按摩，沒嘟嘟車。）金邊的中央市場很多售賣廉價T恤的攤子，有的T恤印著上面這段英文。若非討厭矯揉做作，我真想買它一件替代一路微笑、一路搖頭。

我住在國立博物館和王宮附近的小街。這裡不少外國人，滿街嘟嘟車。第一天深夜把我載到這裡的瘦小司機，很快當我老友。兩次街上遇到，他都拽著我的手，既歡喜，又訴苦，怨我不幫襯他的嘟嘟車。

「How are you?（你好嗎？）」我說。

「Not good, sir. No dollarh.（不好啊，先生。沒錢。）」

上／仰光街頭。

下／仰光市區班索丹路（Pansodan Street）的英治時代建築。

上／仰光市區摩訶班都拉大街（Mahabandoola Road），遠處正中為蘇萊塔。
下／仰光環線小火車。

上／仰光濱河路（Strand Road），畫面右方是著名的濱河飯店（Strand Hotel）。
下／蘇萊塔旁的小街。

上／仰光街景。

下／仰光街頭書攤。

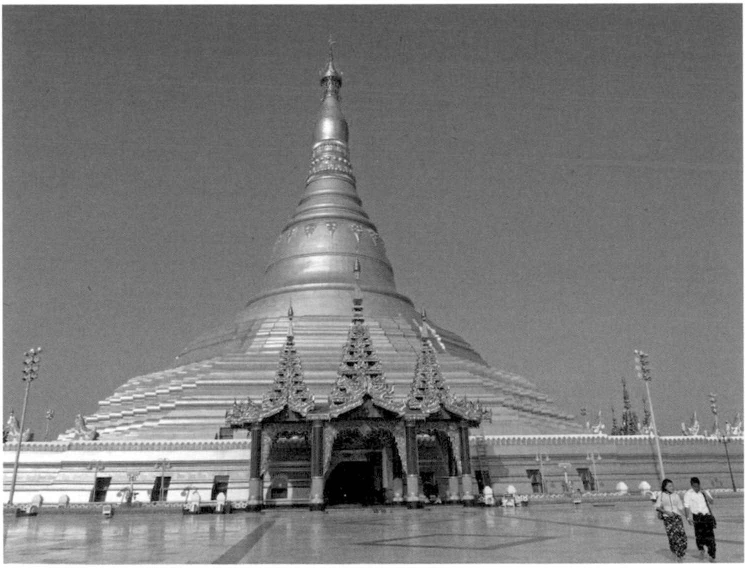

上／曼德勒皇宮外的護城河。

下／緬甸新首都內比都的和平塔。

上／內比都的白象。

下／空曠的內比都街道。

上／曼德勒 Phaung Daw Oo 學校的圖書館。

下／曼德勒的撣族僧人 Zaw Tin Min。

上／曼德勒 Phaung Daw Oo 學校的僧俗學生。

下／眉謬的坎達克雷格飯店（Candacraig Hotel），殖民時代為英國俱樂部。

臺灣科技大學專任特聘教授 **盧希鵬**
人渣文本（周偉航）
讚賞推薦

在這個狂粉時代，
如何服務好那些把你拱上神壇
又把你推下去的人們

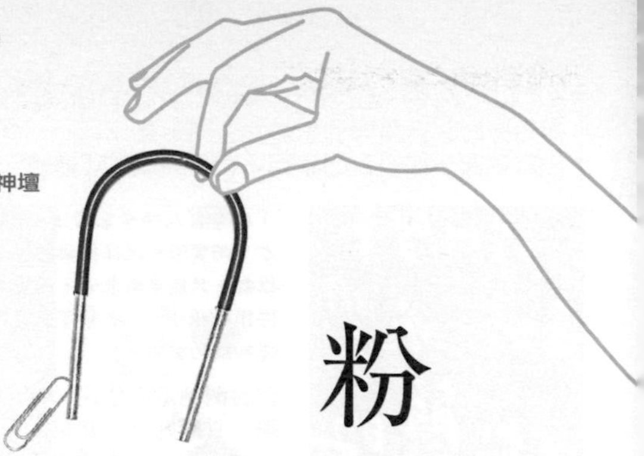

狂粉是怎樣煉成的

成功推坑與造粉的社群行銷學

from

Zoe Fraade-Blanar & Aaron M. Glazer
柔依・弗瑞德－布拉納、亞倫・M・葛雷澤 著
許恬寧 譯

SUPERFANDOM

How Our Obsessions are Changing
What We Buy and Who We Are

大塊文化新書推薦

狂粉是怎樣煉成的：成功推坑與造粉的社群行銷學

激發粉絲文化熱潮、引爆商業魅力變現的終極指南

在這個狂粉時代，如何服務好那些把你拱上神壇又把你推下去的人們

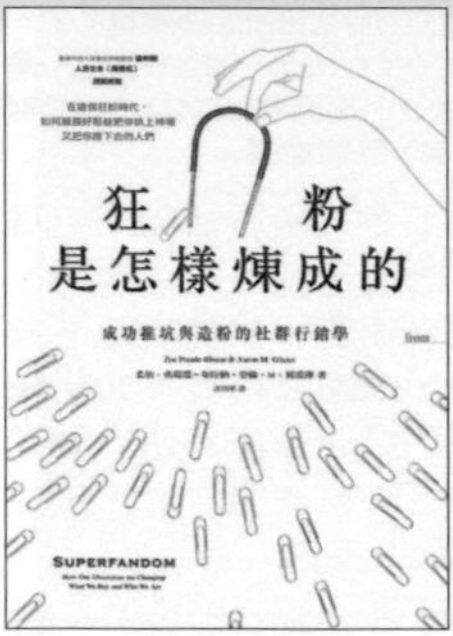

人渣文本（周偉航）、盧希鵬（臺灣科技大學專任特聘教授）讚賞推薦

懷舊的熱情粉絲，如何讓老品牌起死回生？如何借用粉絲最重要的死忠特質，使企業品牌屹立不搖？當企業或你自己失去粉絲受眾的信任、遭受唾棄時，應當怎麼辦？

粉絲文化向來蒙受惡名，不是被當成宅男，就是歇斯底里的迷妹。然而粉絲要的不只是自己熱愛的名人與品牌。今日的數位工具，同時替傳統企業與科技新創公司，帶來直接、即時接觸死忠消費者的管道，人們很容易忘記這種管道具備雙向性質。新興的「粉絲經濟」同時是品牌擁有者與消費者的交會。今日的粉絲握有前所未有的力量，要求主導自己熱愛的事物。在這個新興的共生時代，兩位作者爲你揭示，遇上百年難得一見的商機，企業與個人該採取什麼方法抓住它：書中檢視消費者市場中深具代表性的各種案例，解釋爲什麼有的粉絲互動大獲成功，有的卻造成反效果，全面探討粉絲文化的歷史、消費社會學與行爲心理學。

不論是股神華倫．巴菲特（Warren Buffett）的支持者，抑或是暮光之城、魔獸世界、星際大戰的熱情粉絲，消費者關係已經轉型，粉絲經濟正在快速拓展。狂熱的超級粉絲，同時也是關鍵消費者所召喚出的文化魔力和新經濟型態，將影響我們自身及社會如何消費，以及型塑我們是誰！

作者 柔依．弗瑞德－布拉納（Zoe Fraade-Blanar）

美國紐約大學互動電子傳播研究所（ITP）與新聞所兼任教授，群衆外包捏捏玩偶公司（Squishable.com, Inc.）共同創辦人與顧客長，集科技專家、教師、互動設計師於一身，以使用者設計和營運粉絲社群實現社會參與見長。

亞倫．M．葛雷澤（Aaron M.Glazer）

捏捏玩偶公司共同創辦人與執行長，擔任過企業顧問與記者，文章散見Inc.、CNBC/NBC新聞、《城市報》（City Paper），曾接受紐約公共電台《布萊恩．萊勒秀》（The Brian Lehrer Show/ WNYC）、《沙龍談話》（Salon Talks）、威斯康辛公共電台《喬伊．卡登秀》（The Joy Cardin Show/WPR）訪談。

定價380元

上／卡塔（Katha）鎮外村舍。

下／卡塔的英國俱樂部舊址，歐威爾小說《緬甸歲月》諸多場景所在。

上／卡塔，伊洛瓦底江畔。

下／蒲甘的莫莫（Momo）及其弟弟、妹妹。

上／孟眉街景，右方為緬甸第一座浸禮會教堂。

下／清晨的格勞小鎮。

上／赤柬領袖波爾布特藏身柬、泰邊境的叢林小屋遺址。

下／波爾布特火化處。

上／金邊的赤柬祕密監獄 S-21 舊址。

下／新德里街頭公廁。

上／加爾各答的仁愛會總部。

下／加爾各答，德蕾莎修女創辦的垂死之家。

上／加爾各答街景。
下／印度達蘭薩拉。

上／印度達蘭薩拉，達賴喇嘛三日法會散場。
下／尼泊爾加德滿都郊外博拿佛塔（Bodhnath）的西藏難民。

他把 dollar 念成 dollarh。他的英語，帶著陰柔拉長的柬埔寨腔。柬埔寨人講英語，似乎都像哀求，跟他們臉上的微笑恰成反比。

金邊的嘟嘟車招攬外國人還有一招：車上一塊圖文並茂的招牌，王宮、寺廟、博物館是例行「景點」。見你多望兩眼，司機的例行問候，多半緊接「景點」的英文名稱：「Royal Palace?」或者「Wat Phnom?」長年累月下來，他們知道外國人想看什麼。這個國家聞名於世的，不只是壯麗的高棉石雕與神殿。招牌通常還有兩個「景點」，一張照片滿是成列頭骨，另一張照片，則是一幢呆板的三層舊樓。「Killing Fields?」「Tuol Sleng?」司機的問候，依然歡快而期盼。

Killing Fields，是赤柬政權處決「叛徒、內奸和敵特」的祕密刑場，遠在金邊西南十五公里的瓊邑克（Choeung Ek），單獨坐上嘟嘟車前往，得要好幾個 dollarh。吐斯廉（Tuol Sleng，當年的代號為 S-21），中文意為毒樹丘，本是附近一所小學的名稱，位於金邊城南，現名「毒樹丘種族滅絕博物館」（Tuol Sleng Genocide Museum）。

在金邊一家二手書店，我買了美國學者戴維・錢德勒寫的《S-21 的聲音：波爾布特祕密監獄的恐怖歷史》（*Voices from S-21: Terror and History in Pol Pot's Secret Prison*）。除了考證這所祕密監獄的由來（S在高棉語中代表「廳」，21則是高棉複合字「安全警察」的代碼），錢德勒也提到，S-21的所在，原為一家名為野芒果丘的中學，大概因為此地後來血腥恐怖，改名毒樹丘更為確切。

我沒幫襯可坐多人的嘟嘟車。上午不到十點，不過十來分鐘，不足一個dollarh，兩輪摩托車把我從洞里薩河旁帶到毒樹丘。周邊多為低矮民居，但是S-21仍如當年，用瓦楞鐵皮和鐵絲網圈圍住。兩美元門票，換來一紙簡陋的黑白指南。走進六百米長四百米寬的大院，四幢教學樓，三層高，帶陽台，如中文「門」字一般排列；一幢低矮木房把草坪或從前的操場分為南北兩側。

南側A樓前，一列花開繁茂的緬梔樹下，十四副塗成白色的石棺排成兩行。這是S-21最後一批死者（包括一名女性）。一九七九年一月七日，越南軍隊攻占金邊。翌日，兩名越南攝影師闖入這裡，發現了這些屍體，有的喉嚨割開，有的用鐵鍊拴在囚室鐵床上，地上血跡還是濕的。

金邊的濕熱很快讓人一身大汗，但我還是逐層「拜訪」了沒有空調、沒有風扇、灰塵撲撲的四幢教學樓：遭清洗的赤柬高幹的單人囚室，用磚頭木板隔成的逼仄囚籠，普通犯人的集體牢房，擺滿各式「創意」刑具和掛滿數百受害者照片的展室……我竭力想像當年情景：一九七五年四月，赤柬進入金邊，隨即取締銀行、學校、商店和寺廟等公共設施，並把所有市民趕到偏遠鄉村建設「人間天堂」，金邊成了空城與鬼城。當年的金邊，除了軍營、倉庫和個別外交機構，大概這裡還有不少人煙，雖然你聽到的，正如生還者和赤柬看守的回憶，可能只是受刑者的慘叫與刑訊者的喝叱。

根據相關研究，赤柬政權一九七九年垮台之前，S-21 起碼囚禁了總共一萬四千名男女老幼（實際數字據信更高）。除了數位倖存者，這些「階級敵人」及其家人無一生還。上文提到的美國學者錢德勒寫道：「嚴格說來，S-21 並非監獄，而是一個刑訊機構。雖然關押與懲罰人，但是無人獲釋。這一機構主要用作通往死亡的前廳。」

赤柬領袖波爾布特信奉階級鬥爭繼續革命，所以必須不斷發現與消滅暗藏的各類敵人。「有幸」進入「死亡前廳」的「客人」，最短只能活上三到四個月，身分特殊者，則可苟且六到七個月。在這期間，他們必須自白，甚至自我虛構各類荒誕的「反黨」與「反革命」罪行。譬如，一名廚師承認給赤柬高幹下毒，為了「破壞跟中國的關係」，故意把髒盤子端給援助「民主柬埔寨」的中國專家。赤柬暴政不足四年，S-21 卻有四千多份長短不一的「自白書」傳世，更不用說足可「媲美」納粹德國的精細檔案，包括我在樓上展室看到的那些聞名於世的黑白大頭照（mug-shot）。

為讓死不改悔的「叛徒、內奸和敵特」認罪，S-21 有兩大絕招：一是所謂「講政治」，即在精神上侮辱和折磨囚犯，譬如，審訊者要求一名關押的赤柬高幹交代跟女兒的亂倫關係（這一罪行當然無中生有）；另一絕招則是酷刑逼供。審訊者的工作筆記寫道，用刑只是政治的從屬與補充，但是光講政治也不夠：「毆打＋政治＝重要。」

依照檔案記錄和倖存者回憶，錢德勒在其書中列出了 S-21 的部分酷刑：

毆打（用手，用大棍，用樹枝，用電線束）
香菸燙
電擊
強迫吃屎
強迫喝尿
強行餵食
倒吊
雙臂舉上一天
針刺
向狗的畫像致敬（始於一九七八年）

對牆致敬
對桌子致敬
對椅子致敬
拔指甲
抓
推
用塑膠袋窒息
水刑（浸，額頭潑水）

需要說明的是，「狗的畫像」，就是狗身人頭的胡志明像。這是赤柬跟越南交惡之後折磨囚犯的新招。

「毆打＋政治＝重要。」一九七七年七月，在一名赤柬高幹的「自白書」後面，S-21一名審訊者留下了這段附言，一絲不苟，語氣鎮定：

一、七七年七月十八日上午，我決定用刑。我告訴犯人，我這麼做，是因爲我不明白他的含混之辭，而且我的施壓毫無效果。這就是我的態度。當我用刑，我發現他情緒低落，但他並無反應。審問開始，依然如故。至於他的身體狀況，他喝了點兒粥，但他睡不著。醫生在照看他。

二、七七年七月二十日上午，我又揍他。這次他的反應是說他不是叛徒，那些控告他的人才是叛徒。他的身體依然虛弱，但是問題不大。

三、七七年七月二十一日下午和晚上，我又對他施壓，用電線和糞便。這次他辱罵揍他的人：「你們這些打我的人會把我殺了。」他這麼說。給他吃了二到三匙的糞便，在這之後，他開始回答關於幾個可鄙叛徒的問題。

四、當晚我又用電線揍他。

目前他有些虛弱。醫生去看了他。他要求休息。

在S-21發現的另一冊工作筆記，則從辯證角度論述「毆打」與「政治」的關係，讀來彷彿一篇條分縷析、理性至上的論文：

用刑一大目的，是讓他們回答問題，而不是讓我們高興……這並非意氣用事。毆打是讓他們害怕，但是當然不能打死他們。不論什麼時候用刑，我們都必須事先檢查他們的身體狀況，也要檢查鞭子（的狀況）。不要貪心和倉促行事把他們打死了……敵人逃脫不了用刑；唯一區別只是多少。當我們考慮用刑是個必要手段時，我們也必須（跟他們）講政治，這樣他們就會向我們坦白，（但是）只有我們透過政治迫使他們坦白時，才可以用刑。只有我們對他們施加最大強度的政治壓力時，透過講政治迫使他們坦白，用刑才有效果……而且，講政治能讓犯人清楚回答問題，不論隨後是否用刑。

S-21的審訊者和看守，不是青面獠牙的天生暴虐狂。一百多名看守，多為出身貧苦來自鄉下的後生。照片上，這些年輕人站在教學樓前，稚氣未脫，一身赤柬軍服。他們的微笑，跟我在金邊街頭見到的嘟嘟車司機沒有兩樣；唯一不同，乃是前者經過洗腦灌輸，變成赤柬政權的幫兇。

S-21的主管，亦即別名杜克（Duch）的康克由（Kang Keck Ieu），身形瘦弱，面相斯文。「參加革命」前，杜克和S-21審訊組長都是同一學校的數學與生物教師。杜克一名學生回憶：「他講課精確，彷彿他把課文默寫到黑板上。」或許，正是教師的嚴謹加上革命熱誠，讓這架恐怖機器運轉流暢。杜克從不親自殺人，但他偶爾驅車前往刑場監督處決。對於負嵎頑抗者，杜克也從不手軟，他會下令審訊者「毆打犯人，直到他說出一切，打他，挖出深藏的東西」。

一九七七年，金邊西南瓊邑克的一個華人墓地，成了處決S-21囚犯的刑場（之前處決，多在S-21大院一旁的小學內，在夜裡把蒙上雙眼的犯人用鐵棍打死）。處決人數，有時每天數十，有時超過三百。犯人跪在事先挖好的坑邊，行刑者用牛車鐵軸擊打犯人脖頸，把他們一一送上西天。

一位看守回憶，有些犯人死前喊著「不要殺我」，但他告訴一名相識的死囚，如果他不殺他，自己就會被殺。他也告訴後來的採訪者，殺死曾在S-21共事的犯人（如果手軟，迫害者隨時也會變成受害者），讓他特別難受。他們死前，他覺得這些受害者「可以看到我是多麼難過」。他想過逃跑，「但是我能逃到哪裡，沒有武器我能逃到哪裡？如果我有武器和一輛車……那些日子我想了很多遍」。

一九七九年一月，赤柬逃離金邊。兩名越南攝影師意外闖入S-21時，門口還有一幅紅底黃字的高棉文標語：「加強革命精神！警惕敵人的陰謀詭計，捍衛國家、人民和黨。」這一標語，可惜沒像圍住S-21大院的瓦楞鐵皮和鐵絲網圈那樣留下來。

奇怪的是，儘管訪客不多，儘管多數時間獨自穿行於四幢教學樓的走廊和教室，我卻少有恐懼，或許因為這個地方早已烙入我的記憶（多年前看過的一部S-21紀錄片就在眼前）。只有走過用磚頭木板隔成的長長兩列逼仄囚籠，陰暗寂靜的房間才讓我毛骨悚然，彷彿木門敞開的某間囚籠，隨時都會跳出受害者的陰魂，彷彿我的身後，就有躡手躡腳的看守舉著牛車鐵軸，準備下手。

走到教學樓外分隔草坪的木屋前（當年是行政與檔案管理所在），在一株緬梔樹下的低矮階沿上，我坐了好一陣。暑熱，不僅僅是暑熱，令我口乾舌燥、渾身乏力。院外小街，汽車與摩托車不斷，一切照常運行。

走出S-21或毒樹丘，幾個司機很快把我包圍。「Hello, sir, tuk-tuk?（哈囉！先生，要搭嘟嘟車嗎？）」「Where are you going, sir?（先生，您要去哪？）」「Are you going to Killing Fields?（您要去祕密刑場嗎？）」……

No, no Killing Fields. 我一邊微笑一邊搖頭，徑直走向一輛兩輪摩托車，毫不猶豫砍價（依然不足一個dollarh）。回到人間，我想去看看俄羅斯市場（Russian Market），金邊另一個人氣旺盛五花八門的大型市場。

二〇一三年七月二十一日寫於雲南大理

杜克同志二三事

杜克同志原名康克由，一九四二年十一月十七日出生在柬埔寨磅同省一個貧苦農家，父母都是華裔，他是家中長子和唯一兒子。康克由九歲時，父親因為能講中國話，在當地一家華人魚行謀了一份差事，但是收入並不穩定；為了幫補家用，母親在當地市場做點小生意。小學時代，康克由學習用功，一位老師經常資助他。二〇〇二年，愛爾蘭攝影師鄧洛普（Nic Dunlop）來到暹粒採訪杜克同志的母親，她說兒子小時候放學後除了幫做家務與農活，其他時間總是埋頭書本，他最喜歡數學書，也讀高棉和法國文學。

一九五〇年代，康克由考上金邊一所中學。過了幾年，資助過他的小學老師也到這裡任教。在這位老師影響下，他對共產主義有了興趣；一九六七年，他和老師雙雙加入柬埔寨共產黨。不過，在這之前，康克由通過考試，進了金邊另一學校專攻數學。一九六五年，他如願以償成為一名數學教師。他任教的中學是在一個小鎮。不同於柬埔寨為數不多的其他知識精英，康老師總是踩著一輛破舊的中國單車。他跟校長同住，臥室卻堆著馬恩毛的著作。但他是個好老師，很有耐心、很溫和、很嚴謹。如同資助過他的小學老師，康克由也接濟窮學生。他沒什麼社交，常跟學生灌輸革命理論，組織學生幫助農民。

因為政治活動，康克由蹲過幾個月的政府監獄。推翻西哈努克國王的朗諾政權上台，康克由從金邊消失了，準確說來，他變成了杜克同志，這是他在革命組織的化名。一九七〇年代初，在甘丹省安林的某處叢林，年近三十的杜克主管清除「奸細」的赤柬祕密拘留營 M-13。研究高棉文化的法國學者比佐（François Bizot），曾被當作美國中情局間諜關在這裡三個月。比佐是 M-13 寥寥無幾的倖存者之一，他後來寫了一本回憶錄《門》（*The Gate*），對杜克同志有不少一手描述：「在拘留營，一見到他的臀部瘦削、來去緩慢的身影，大家總是陷入鬱悶，一切活動慢了下來。杜克只有兩副面孔：撇得很開的嘴唇上方一對坦誠的眼睛；嘴唇緊閉，目光低垂，一言不發。」比佐眼中的杜克是個狂熱虔誠的革命者，但也正是杜克的細心「考察」，讓波爾布特破天荒釋放這位無辜的法國學者，雖然比佐獲釋兩個月後，跟他同時被捕的兩名高棉助手，仍被杜克遵照指令就地處決。

從 M-13 到舉世聞名的 S-21，間隔不過五年。杜克後來坦承，一九七五年四月赤柬攻占金邊後，他最初不想接手 S-21，但是革命者必須服從組織，你別無選擇。稍稍遺憾的是，我讀過的好幾冊關於赤柬的書，包括鄧洛普那本《失蹤的劊子手》（*The Lost Executioner*），都未詳細寫到樂於助人的康克由老師怎樣變成殘酷無情的杜克同志，他的心路歷程仍是一個謎。有的作者推測，除了革命狂熱和數學教師的嚴謹，康克由蹲過的政府牢房（對待犯人同樣殘忍），大概也給了他後來管理赤柬祕密監獄的「靈感」。研究柬埔寨的國際權威錢德勒，則從諸多歷史角度深挖 S-21 的殘暴根源。然而更有價值的，似乎還是赤柬覆沒之後，面對終於找上門來的兩名外國記者，隱姓埋名的杜克那番自白，儘管真真假假。

從納粹到赤柬，幾乎所有劊子手都把責任推給上級或最高層，因為若不奉命殺人，你就會被殺。杜克也不例外，他告訴記者：「S-21 沒有權利逮捕誰。我們的責任是審訊並把坦白交代呈送黨中央。不論是誰，一旦被捕就得死，這是黨的規定。哪怕小孩子。這是政策、命令。沒人可以從 S-21 活著出來。黨指示我們怎麼殺死他們，但是我們不用子彈。我們通常割斷他們的喉嚨。我們把他們像雞一樣殺死。」杜克的頂頭上司是後來的赤柬國防部長宋成。後者要他常去金邊郊外的刑場監督處決。杜克告訴記者他不喜歡，只去過一次。但據當年看守回憶，他的確常去刑場。審閱犯人的自白書，他也批改精細，提問尖銳。他的工作並非毫無樂趣。

然而杜克後來似乎真的開始懷疑，因為他的不少朋友和同志，包括兒時資助他的小學老師、他的入黨介紹人、當年讓他負責 M-13 拘留營的上級，最後也進了 S-21，無一生還。他說自己因此變得沮喪，很多時候，反而愛跟獄中奉命給波爾布特畫像或塑像的犯人藝術家待在一起。但是，杜克的懷疑並未變成反叛。一九七八年，新的一輪清洗開始，三百名赤柬士兵進了 S-21。杜克向接替宋成的新上司農謝請示如何處置；後者命令，無需審訊，統統殺掉。杜克究竟有沒有親手殺人，似乎說法不一。鄧洛普在書中寫道，杜克告訴他，一九七九年越南軍隊占領金邊之前，他奉農謝指示，親手殺掉剩下的囚犯。M-13 一名看守也告訴鄧洛普，杜克曾經用槍處決一名拒不交代的犯人。不論真相如何，至少有一點可以肯定，最後一刻，杜克仍在奉命殺人。

一九八六年，宋成把杜克派到北京外國語學院教授高棉語，他回到講台，成了紅色中國的一名外國專家。一年後，大概因為北京得知他的過去，不再續約，他只得重返柬埔寨，在波爾布特祕書處工作。隨後，就像當年的康克由一樣，杜克同志消失了。他多次改名換姓，帶著妻兒隱居偏遠鄉村。一九九五年，他的新居遭到搶匪洗劫，妻子死在強盜的刺刀下，杜克背部受傷，但是幸免一死。妻子死後不久，他對基督教有了興趣，告訴傳教牧師，他罪孽深重，一生從未有過安寧。受過洗禮的康克由，變成一名世俗傳教者和難民營義工，他也重執教鞭，如同當年跟弟子灌輸革命理論，而今熱中於向學生和身邊的人傳教。兩名外國記者找到他並且當面揭穿他的真實身分時，杜克同志終於懺悔：「我以前做了很多壞事。我對過去和殺戮非常懊悔。那些死者都是好人。很多都是無辜者。」

金邊，S-21 舊址，一幢樓房的三樓展室現有幾幅看板，農謝、喬森潘和英薩利夫婦的照片下面，詳細列出審判赤柬的國際法庭起訴他們的罪名：反人道罪、戰爭罪和種族滅絕罪。大約一百七十萬柬埔寨人死在他們不到四年的統治之下，然而，不論是因病去世、僥倖逃過國際審判的波爾布特，還是以上赤柬高官，至今沒有一個人認罪，也沒有一個人懺悔。S-21 從前的主人杜克同志也在看板上面。二〇一〇年，因為反人道罪、酷刑折磨並且殺害大約一萬五千名囚犯，六十七歲的杜克被判三十五年有期徒刑，折算之前監禁，他的刑期實際上只剩十五年。如此發落，引來一片譁然，用一位倖存者的話說：「我們是兩次受害者，赤柬時代和現在。他的監獄很舒服，有空調、一日三餐、風扇和一切！」最後，法庭改判杜克終身監禁。儘管如此，這不僅是運作緩慢、資金短缺、前景難卜的柬埔寨國際法庭迄今唯一的宣判，杜克同志，或者康克由，也是迄今唯一公開認罪和懺悔的劊子手。

二〇一三年九月三日

高棉人的快樂指數

我到貢布（Kampot）當天下午開始下雨：小雨，大雨，暴雨，雷雨，一下就是五、六天。雨很任性，說來就來，說停就停；間歇也捉摸不定，短則半小時，長則幾個鐘頭。若不挑剔，我的住處堪稱完美。一間帶陽台的小屋（bungalow），緊鄰一片私家魚塘，大樹遮蔽，水中枯葉新葉雜陳。晚上，我聽著蟲鳴雨聲和壁虎怪叫入眠。白天，趁著短暫雨停，我去鎮上看法國殖民者和中國商人留下的凋零房子，還有鎮外鐵路橋，當年激戰的彈痕猶在。這些活動消耗不了太多能量，雨把人困在室內，潮濕讓你低落。第三天黃昏，無論如何也得快樂，我去嘗了貢布河邊那家餐館的 Happy Pizza。

我叫了一客小號的 Happy Pizza。四美元。讓你 happy 的 ganja（大麻）不另收費。「不要太 happy。」我告訴看店的中年女人。「Medium。」她說，問我要不要 ganja，把我帶到後面，從抽屜掏出一袋枯枝一般的乾黑物體。十美元。半袋五美元。想到吸大麻在柬埔寨仍屬非法，我搖搖頭。十來分鐘後，我的 Happy Pizza 出爐。上面一層黑黑的細碎大麻，這份披薩算不上美食。又過半小時，肚子裡裝了一杯「吳哥」（Angkor）生啤和一客小號披薩，我踱回魚塘邊的平房。我的意識漸漸模糊。躺在床上，不由自主，我咧嘴微笑。窗外蟲鳴變得遙遠，幻成縷縷歌聲。很沒品味的是，這些旋律忽遠忽近，不斷重複，彷彿出自央視春節晚會中國主流女歌手的尖利嗓子。

柬埔寨到處買得到 ganja。街頭的嘟嘟車司機問你要不要。河邊賣盜版英文書的男孩問你要不要。還有廉價正品的洋酒、洋菸。一盒最新型號的萬寶路不足兩美元。泰國的便利店把香菸用金屬簾遮起來賣，柬埔寨的便利店沒有那麼偽善。還有女人。隨時有人問你：「Want massage? Want young lady? Bum-bum? Cheap cheap.」Bum-bum 就是打炮。我在書上讀到，早些年，一次 bum-bum 的確 cheap cheap，只要五美元。馬德望一個酒店老闆告訴我，前兩年，政府取締妓寮，加之物價變化，bum-bum 水漲船高，現在要十到十五美元了。「外國人和高棉人一個價。」他說。即使這樣，依然廉價。只要肆無忌憚，你在柬埔寨可以天天 happy，天天 bum-bum，就像我在金邊遇到的澳洲老頭，他裹一條浴巾靠著陽台，一邊吸著 ganja，一邊對我說，這個國家他來了不知多少次，風光美，人很好，政治歷史卻很混帳，但他可以 fuck around。

大多數柬埔寨人沒有澳洲老頭那麼福氣。微笑掛在臉上，活著依然艱難。在金邊十來天，每天晚上，我愛到洞里薩河旁散步閒坐，看著濱河大道兩側的世界：外國人（多為白人）在雅致餐吧吃吃喝喝；高棉人坐在河邊，隔著街道望著對面，他們多半只能光顧這一邊的廉價小販。一個滿臉油汗的三十來歲漢子跟我打招呼，隨即坐到我的身旁，簡單英語夾雜粵語腔的生硬中國話，開始滔滔不絕。他的父母都是移民加拿大的柬埔寨華人。他在市場擺攤，小學畢業，在學中文，講得不好。

「你一個人，我也一個人，沒有人講話，總不能對著車講吧？我的朋友都有情人。我沒情人。我喜歡看電視。那種電視。看著看著，小弟就起來了，就打飛機。每個人都這樣，你說是不是？」他一定要我說是。他就住附近，他覺得我們有緣分。「我會按摩，上你房間按摩好不好？」一見我沒興趣，他又提到小弟，告白兼開解。「小弟就像水喉，不能總是關著，想出水時就出水。我十多天沒出水了。你是不是這樣？是不是？」他窮追猛打，我只好點頭。過了幾分鐘，他還在跟我討論小弟和打飛機，我藉故起身。「給我一美元吧，買水喝，好不好？」他一臉油汗哀求，彷彿這一美元可以救命。

「越南人種水稻；柬埔寨人看著水稻長；寮國人聽著水稻長。」十九世紀一名法國殖民官員這樣概括印支三國的國民性，刻毒，並非毫無根據。宏偉吳哥，只是高棉國王奴役無數子民建造的神殿。到了現代，也只有波爾布特強迫柬埔寨人流汗流血，把整個國家變成一個勞改營。其他時候，小乘佛教讓人退縮消極，熱帶風土讓人可以靠天吃飯，易於享樂，不論這一享樂如何簡陋。今年十月二日的英文《柬埔寨日報》有則頭版報導，蓋洛普最新調查顯示，接受調查的一百四十三個國家中，柬埔寨國民的快樂指數或者Positive Experience Index名列前茅，儘管這個國家是全球最不發達的四十九個國家之一，儘管它的政治依然胡來。稍遜同一地區的泰國與馬來西亞，但是比起相對富裕的新加坡、越南，甚至寮國，百分之七十二的高棉人總體上覺得快樂，把多數時間用於歡笑和享受生活。

蓋洛普的資料只能參考（它說七成四中國人情緒正面，信不信由你），但你覺得高棉人的確就像吃了Happy Pizza，就連乞丐也常咧嘴微笑。《柬埔寨日報》同篇報導還說，二〇一〇年蓋洛普另一調查發現，只有百分之三的高棉人覺得欣欣向榮，七成五認為自己正在掙扎，二成二感到自己苦不堪言。就算這樣，他們每天仍然快樂，他們給出的滿意分數為同一地區的最高分之一。原因何在？「期望值低。」一位專家這樣分析：「我覺得柬埔寨人的快樂跟日常生活相關：他們可以養家，他們可以跟一家人一起活下來，他們可以享受沒有戰爭的和平，他們可以自由謀生，沒有赤柬時代的控制。這些因素讓人說我現在很快樂。即使他們很窮，他們也說他們很快樂。」

馬德望那位三分之二中國血統的酒店老闆，他的多數家人沒有跟他一起活下來。赤柬時代他還是個少年。一家十口都是需要改造的「新人」（new people），從金邊被迫「疏散」到北部；根據赤柬規定，每家每戶必須融入「革命大家庭」，不能住在一起。苦役和饑餓，最終奪走七位家人的性命。跟他一起活下來的，只有一個哥哥、一個妹妹。「他們都在美國。沒人想住在柬埔寨。」馬德望到處水淹，街道成了小河，我們坐在酒店門外聊到夜深，他的語氣一直平靜，若有所思，不知是否跟他失去七位家人有關。他對妻子有些怨言，所以我沒問他現在快不快樂。這家小有名氣的酒店由幾個家人合資，他的兒子幫著看店，能講得體英語，女兒在讀大學。他的生活明顯好過普通高棉人，好過在金邊跟我討論小弟和打飛機的那位油光漢子。

重返柬埔寨最後一夜，我在馬德望的陋巷街邊喝著一杯生啤，望著窮街上方的黯淡星空。這間 pub 的客人，多為長居此地的白人男女及其高棉朋友。店內，懸在半空的電視螢幕播著迪士尼的米老鼠。四個衣衫凌亂的高棉小男孩，坐在小街對面的人行道上，靠著牆壁，津津有味望著我身後的電視螢幕。偶然轉頭，我看到一個八、九歲的高棉男孩，該是對面的免費觀眾之一，跪在距我不遠的一對年輕白人男女桌前，一手端著盤子，一手抓著盤內食物塞進嘴裡。他吃得飛快，就像趕時間，根本來不及品嘗。白人男女看著他，有些同情。他很快吃完，把盤子遞還白人男子，不忘道謝。白人點點頭，有些尷尬。螢幕上的米老鼠還在調皮搗蛋；高棉男孩回到觀眾席上，繼續享受電視。這一夜，他應該很快樂。

二〇一三年十一月二日

金邊的示威

重返柬埔寨正好趕上雨季。金邊不時短暫小雨，帶來宜人的濕潤涼意。湄公河與洞里薩河邊的西索瓦（Sisowath）大道沒有今年四月熱鬧，雖然入夜依舊不少吃吃喝喝的白膚遊客。抵達不久，我就感到金邊另一場風雨即將到來：為了抗議今年七月議會選舉諸多不公，反對派柬埔寨救國黨（CNRP）組織的連續三日集會，這個星期天（大後天亦即九月十五日）將在金邊的自由公園舉行。金邊的地標之一塔山寺（Wat Phnom）緊靠集會公園，是座二十七米高的小土坡，最初供奉傳說中湄公河沖到這裡的四尊佛像。今天下午，塔山寺山腳已有十來名僧人和近百民眾「熱身」，人人手握一枝黃色蓮花，象徵和平與非暴力，祈禱公平與正義。

根據官方公布的選舉結果，現任總理洪森領導的柬埔寨人民黨（CPP）贏得國民議會六十八個席位，曾是財政部長的桑蘭西（Sam Rainsy）領導的柬埔寨救國黨贏得五十五席。但是反對黨認為七月選舉很多舞弊，拒絕接受這一結果，聲稱抵制九月二十三日揭幕的新議會，並且要求成立包括國際監察機構參與的獨立調查委員會。從一九七九年赤柬政權垮台至今，曾是赤柬軍官後來投靠越南的政壇強人洪森，憑藉恐嚇、拉攏、打壓和欺詐等手段，統治柬埔寨將近三十年。不單軍警（洪森擁有上千私人衛隊）、國營傳媒和各類官方資源，就連國家的選舉機構也在執政黨CPP的掌控之中。回應柬埔寨國王的斡旋，CNRP除了與CPP舉行毫無結果的會晤，號召支持者公開集會，似乎是反對黨抗議選舉不公的最好辦法。

相對上屆選舉，CPP的得票率下降超過百分之十。在關注柬埔寨局勢的分析家眼中，貪污腐敗，貧富分化，農村強占土地，年輕人普遍失業，是洪森政府失去很多選民的主要原因。我到金邊第二天下午，王宮廣場對面的河邊，又有四百多名僧人和數百民眾短暫聚會。僧人拉著橫幅標語演說，民眾捧著蓮花席地祈禱。一位在讀商業管理的大學生告訴我，前者來自塔山寺，後者多為公民團體成員。「少數人很富，大多數人很窮，尤其鄉村。」他說，並且證實我在書中讀到的柬埔寨小學生每天得給老師上供這一事例，因為老師的月薪大約六十美元。他很憂慮畢業後的前途，沒有背景，你大概只能找到一份月薪大約一百美元的差事。「他們害怕失去權力。對他們來說，失去權力就等於失去一切。」我們聊起這個國家無處不有的貪腐，有多少人願意來這裡投資？「如果你是商人，你會來這裡投資嗎？」他問。幸好，他自作主張把我當成韓國人，而非當今柬埔寨的最大投資者中國人。

CNRP的三日合法集會在自由公園如期舉行，第一天大約兩萬人參加，公園附近都是舉著反對黨旗幟和柬埔寨國旗的示威民眾。藉著微風，會場的高音喇叭把悠揚歌聲、慷慨演說、陣陣呼喊一直送到相距不遠的洞里薩河邊。上午九點，走過塔山寺，我看到有些集會者手中的標語牌用高棉文和英文寫著「有公正就有和平」，有的示威者頭纏黃色布條「我的選票在哪兒？」。很多參與者都是響應反對黨號召，從外省來到金邊。皮膚黝黑的鄉下人，脖子或頭上多半裹了一條傳統的高棉方格圍巾krama；晚上，他們將在公園內臨時搭建的涼棚過夜。儘管聲勢浩大，鑑於該國前些年的政治集會不乏暴力血腥，譬如身分不明的歹徒向會場投擲手榴彈導致多人死傷，我並沒走進露天會場（我的周圍幾乎見不到西方遊客）。遠觀之後，我去看了莫尼旺（Monivong）大道盡頭的法國大使館（你當然進不去，只能路邊端詳）。一九七五年赤柬占領金邊之後，這裡曾是上千外國僑民和高棉難民的避難所，曾有不少生離死別。從法國大使館到自由公園，不管怎樣，柬埔寨起碼有了打了折扣的集會自由。

從莫尼旺大道走到諾羅敦（Norodom）大道，我本想再去逛逛金邊最好的書店

Monument Books，那裡有最齊備的關於柬埔寨的英文書，但是獨立紀念碑一帶軍警密布，不僅書店和眾多商鋪關門，本來繁忙的大街也車輛稀少、詭異冷清。繞過軍警路障，回到王宮附近的酒店小憩，一覺醒來，已是下午四點過。站在陽台，瞄過羅望子樹遮蔭的小街，河邊一陣忙亂。趕到小街盡頭西索瓦大道的外國記者俱樂部旁，我看到近千憲警正在集合，軍官佩著手槍，戴著頭盔、身穿防彈衣的士兵手執盾牌與警棍，警車後面的拖車裝滿一圈圈鐵絲網，還有幾輛消防車，急急駛向附近的烏那隆（Ounalom）寺。大街小巷都已封閉，我只能站在王宮廣場再次遠觀。沒過多久，烏那隆寺附近的濱河大道上空升起幾柱消防水龍，然後幾聲槍響，幾縷濃煙，憲兵正在發射煙霧彈。身旁平民一陣喝采與拍掌，但我知道，這些雜音並非獻給賣力維安的柬埔寨軍警。一輛插著反對黨旗幟的摩托車，突然從另一方向駛過王宮廣場前面的大道。司機很囂張，向指揮交通的軍警揮手致意，人群又是一陣哄笑。

將近一個小時過去，前方維安大概結束。軍警放鬆防備，坐到路旁或河堤休息。小心翼翼繞過最後一道仍在戒備的軍警防線，我來到烏那隆寺前。道路中央，纏著帶刺鐵絲網的鐵馬東倒西歪，地上不少磚頭瓦塊。到處是人。除了看熱鬧的高棉人和外國人，隨處可見拍照、攝影的國內外傳媒，還有救護義工，身穿印有綠色十字的白色背心。一個三十來歲的女人，套了一件獨立團體「柬埔寨人權觀察」的白色T恤，頭頂一個音箱，在人群中走來走去；她的身旁，一位女同事拿著無線話筒正在講著什麼。突然，人群一片騷動歡呼。幾輛黑色休旅車從自由公園方向開到寺前路口。人頭湧動中，我看到白色襯衫的CNRP黨魁桑蘭西大步走向軍警防線，但他並未率眾闖關，很快折回車上，半個身子伸出車頂天窗，對著人群講話。幾分鐘後，桑蘭西一行在歡呼之中駛離。通向王宮的大道依然封閉，但是寬闊的河濱走廊漸漸匯聚各類營生與行人。走到跟自由公園遙遙相對的河邊夜市，遠處集會仍在繼續，晚風隱隱送來人聲和音樂，彷彿嘉年華會。

因為「威權主義和審查制度趨於抬頭」，在無國界記者組織（Reporters Without Borders）公布的二〇一三年世界新聞自由度排名表上，柬埔寨下滑二十六位，落到一百四十三名（中國名列一百七十三位，倒數第七）。即使這樣，金邊仍有兩份非官營、有水準的英文報紙。CNRP集會第二天，《金邊郵報》（*The Phnom Penh Post*）和《柬埔寨日報》詳細報導了第一天的示威。濱河大道的衝突，乃是因為「抗議者拆除警方路障並把鐵馬扔進洞里薩河」。軍警發射水炮時，一名年輕人困在鐵絲網之中，但他很快被人抬走並無大礙。隨後，聯合國駐柬辦事處幾名人權官員把車停到兩軍之間，並與金邊警察總長坐進河邊一家酒吧協商，避免了事態失控。在這之後，則是我看到的CNRP黨魁桑蘭西趕到現場，他讓大家立刻停止暴力，要嘛回家，要嘛回到自由公園享受音樂，「我們不需要使用任何暴力，所以我要譴責任何使用暴力或者磚頭的人」。反對黨隨即發表聲明：「一小眾投機分子把鐵馬推到河裡引發驚慌，並且大叫大嚷挑動公眾。CNRP不對自由公園以外惹事生非的投機分子之任何行為負責。」不幸的是，當晚，金邊另一處又有警民衝突，一名男子中槍身亡。CNRP集會第三天，雖然再無「大規模群體事件」，金邊依然到處封路。Seng That二十來歲，在我住的酒店前台兼職。他是磅湛省人，正讀金融管理，住在塔山寺僧舍，每月租金大約四美元。Seng That說他勤工儉學，沒時間參與集會，況且誰上台都差不多。我說就算這樣，你起碼該讓反對黨有機會嘗試。但我知道，儘管聯合國上個世紀九〇年代給了柬埔寨世上最好的一部憲法，儘管反對黨已具真正挑戰，這個國家的政治僵局一時很難打破。現年六十出頭的洪森總理聲言繼續執政直到七旬，這兩年也心懷戒備多次提及阿拉伯之春。因為「威權主義和審查制度趨於抬頭」，柬埔寨之春或者蓮花革命，就像前幾年中國的茉莉花運動一樣，仍無可能綻放。

二〇一三年九月二十五日寫於金邊

柬埔寨會讓你心碎

關注第三世界與草根階層的《新國際主義者》（*New Internationalist*）是我近來常讀的雜誌。這份雜誌一九七三年創刊，旨在「Putting the world to rights」（整頓世界）。今年頭兩個月的《新國際主義者》是合期，主題是「為富不仁」（The Feral Rich），其中一篇講到柬埔寨的成衣廠。作者海瑟・史迪威（Heather Stilwell）寫道，她去柬埔寨前，在跨國服裝連鎖H＆M買了幾件廉價T恤，並未想到它們的出處。到了柬埔寨，她發現給H＆M代工的一家製衣廠，新近有大約三百名女工因為惡劣的工作環境而暈倒。史迪威進而寫道，這類事件並不出奇，二〇一一年，該國共有兩千名工人暈倒。柬埔寨有將近三十萬名製衣勞工，幾乎都是女性，每月最低工資六十一美元，算上通貨膨脹，這點錢只夠糊口。不僅如此，抗爭工人常遭資方解雇和當局鎮壓。二〇一二年，給德國Puma運動鞋代工的一家工廠，一千名工人要求提高工資。當局開槍驅散示威者，三名女工受傷，官員逍遙法外，一切照常運行。

同樣不出奇的是，柬埔寨政府付給醫生和教師的薪酬也很微薄，以致病人要給醫生紅包，學生每天得給老師上供，哪怕每個學生奉上的賄金不足五十美分。曾獲普立茲獎的美國記者喬・布林克里（Joel Brinkley）前兩年寫了一本《柬埔寨：被詛咒的國度》（*Cambodia's Curse: The Modern History of a Troubled Land*），舉了不少令人心驚的資料：該國人口一千三百多萬，八成住在鄉下，只有百分之十四擁有乾淨水源，百分之二十二擁有廁所（鄉下僅為百分之十六）。另據多方研究，赤柬政權崩潰之後倖存下來的柬埔寨人，三分之一或一半患有PTSD（創傷後壓力症候群），但是上個世紀九〇年代，社會並無意識，患者也得不到治療。二〇〇九年，世界銀行調查報告把柬埔寨列為亞洲最落後的國家，要想趕上鄰國，除非改善教育（緬甸的人均國民生產總值低過柬埔寨，但是前者的國民平均識字率為百分之九十，後者只有百分之七十四）。

然而，說來難以置信，上個世紀九〇年代初，冷戰剛剛結束，聯合國和發達國家花了三十多億美元援助柬埔寨，並且致力在該國建立民主政治。大約二十年過去，柬埔寨仍有八成人口生活窮困、缺乏教育，三分之一國民，每天生活開銷不足一美元。與此同時，截至二〇一〇年，富裕國家和各類國際組織（包括NGO），至少捐助柬埔寨政府十八億美元，但是當局足足花了十五年的時間「醞釀」，直到二〇一〇年才通過一紙〈反腐敗法〉。根據美國國際開發總署（USAID）的報告，多達五億美元的國際援助進了貪官污吏的腰包。翻開國際報章最近關於柬埔寨大選的報導，你會發現，儘管投給洪森政府的選票多年來第一次大幅減少，但是選舉舞弊，貪贓枉法，強占土地，濫伐森林，打壓輿論，極度貧困，仍是這個小國的「主旋律」。

初到柬埔寨的局外人，未必能將以上資料和街頭表象重疊，因為暹粒遊客如潮，吳哥永遠美麗，金邊更不缺時尚的夜生活和雅致的精品旅館（boutique hotel）。王宮附近，濱河大道一側的各類酒吧餐館，每晚坐滿歡度 happy hour 的東、西方客人，其中不乏諸多國際組織和ＮＧＯ的外國雇員。《柬埔寨：被詛咒的國度》寫道，該國有兩千多家這類機構，很多西方雇員領著不用納稅的美元高薪，過著他們在本國難以想像的優越生活（上個世紀九〇年代，聯合國「接管」柬埔寨期間，有些雇員每天享受一百四十五美元的額外生活補貼），他們在高檔餐館的一頓飯錢，普通的柬埔寨人辛苦一年也不一定掙得到。這是柬埔寨的另一現實，政府長年依靠外援，國際機構雖然每年都向洪森政府施壓，要求當局更廉潔、更有效率，但是一旦斷絕援助，利益受損的，並不只是貪得無厭的政府官員，況且，借用一位ＮＧＯ成員的話：「如果你不給錢，最受影響的將是窮人。」換句話說，即使捐給窮人的大米被貪官部分截留，但是窮人多少也會受益。「有些錢這樣那樣沒了。可是如果有的錢到了窮人那裡，那還是有用的。好過沒有。」

多年前，定居曼谷的愛爾蘭攝影師鄧洛普曾經深入柬埔寨偏遠鄉村，暗中尋訪隱姓埋名、改信基督的赤柬祕密監獄主管康克由。鄧洛普後來不無挖苦地寫道：「柬埔寨有兩種貨幣。一種是美元，給外國人用的。一種是里爾，給柬埔寨人用的。」不是每個高棉人都能說上幾句洋涇濱英語，但是美元似乎取代里爾，成了柬埔寨的第一貨幣，成了這個困苦國度的另一諷刺。從寮國邊界入境柬埔寨，剛剛擺脫索要小費的寮國移民官，你馬上又會面對一臉正經的高棉移民官，他在你的護照上蓋完章，然後斬釘截鐵附加一句，彷彿天經地義：「兩美元。」你從金邊坐VIP巴士來到暹粒，本應享受客運公司承諾的免費接送，但是把你從長途車站載到市區的三輪摩托車司機，因為順道帶你看了一家你不滿意的客棧，最後也會斬釘截鐵附加一句：「五美元。」你暗自歎氣，不想肝火旺盛，掏出兩美元將他打發，權當這是窮人接濟窮人。《柬埔寨：被詛咒的國度》多次引用前任美國駐柬大使穆索梅利（Joseph Mussomeli）告誡美國訪客的話：「小心，因為柬埔寨是你去過最危險的地方。你會愛上它，但是最後它會讓你心碎。」兩美元當然不會讓人心碎，也不會妨礙你愛上燦爛的高棉微笑，可是，你也應該知道下面這段真人真事。

二〇〇八年，護士卡拉（Cara）和丈夫從美國來到柬埔寨度假，就此愛上這個國家。兩人決定搬到這裡幫助窮人。幾乎變賣所有家產，他們在磅同省開了一家診所。得到柬埔寨衛生部惠允，卡拉的診所納入國家醫療體系，當局答應提供藥物和器材。一開始，他們用自己的錢給窮人治病，每個月病人將近一千。但是，每次向當地衛生部門申請所需，庫房總是無貨。一個偶然機會，卡拉發現庫房不僅堆滿，還有汽車正在裝貨。有人告訴他們，這些東西多半運到別處販賣，錢財則歸私人。不僅如此，當局屬下十九個診所，不少徒有虛名，因為官員可以私吞掛名醫護的薪水。卡拉怒不可遏，當面斥問官員，並要他們為得不到及時治療的死者負責。幾天後，卡拉走路回家，幾個人跳出一輛汽車，把她拉進一塊稻田，毆打並且強姦幾個小時。卡拉和丈夫後來去了好幾個地方報警，但是缺乏回應。這對心力交瘁、一無所有的夫婦終於放棄，求人資助回到美國。離開之前，他們發現，幾個月來，診所助理都在竊取財物。回憶這趟不幸之旅，卡拉的丈夫告訴記者：「我們傾其所有，但是柬埔寨把我們打垮了。」

二〇一三年八月三十日

跟緬甸火車一起跳舞

一

緬甸鐵路沒有電子售票系統。曼德勒火車站昏暗的售票窗口內，一個職員驗過我的護照，用圓珠筆把我的拼音名字、護照號碼、車廂座號填在車票上。白色車票，印滿淡黃的Myanmar Railways（緬甸鐵路）字樣，彷彿彩票。從曼德勒到拿巴（Naba），後者靠近歐威爾小說《緬甸歲月》故事發生地卡塔（Katha），普通座車資兩千五百五十緬幣（大約二十人民幣），並含兩塊一毛保險（用天朝幣換算，可能幾分錢）。

「請寫上開車時間。」我說。職員沒嫌麻煩，又在彩票背面寫上Departure Time 4:00 pm（下午四點開車）。這一過程大致簡單，比在印度買火車票輕鬆多了，不填這個表那個表（每張表都詳細得讓人抓狂），也沒人讓你準備護照影本或改天再來；不是緬甸先進，而是更窮。

第二天下午，我按時到了火車站。不像曼德勒附近的眉謬火車站，這裡沒有本國人不得入內的外賓候車室（Foreigner Rest Room），荒謬得猶如多年前中國的友誼商店這類奇葩。如同印度，緬甸火車站有一個好處，就是進站不用驗票、驗證和安檢，人與流浪狗都可入內，車站沒有變成「維穩」堡壘。

我的火車在一號月台，車廂編號令人迷惑。一個年輕職員很熱心，從月台一直把我領到靠窗座位。這節卡座車廂，比印度火車還簡陋，沒有放雜物的小桌，凹凸不平的座椅和靠背卻是軟的，可以讓你相對安穩熬個通宵。笑而不語，望著對座的女人（她很快翻出金屬飯盒和塑膠袋，忙著吃喝，不時跟我講上兩句緬甸話，顯然當我是同胞），我等著開車。

一個穿夾克衫的小個子中年男人，一手捏車票，一手提行李，走到我的座位前。從緬甸話到簡單英語，比著畫著，我很快明白，這是他的座位。他的車票不像彩票，而像中國從前的火車票，粗糙的小張硬紙殼，沒英文，只有緬文。瞄了幾眼我的「外賓車票」，小個子很自信：「你是普通座。這是上等座。」一大包小包，笑得尷尬，我又到月台。剛才那位熱心職員，顯然沒有細看我的車票，以為「有錢外賓」肯定買的上等座。

這次，另一個熱心職員沒弄錯，一直把我領到普通座靠窗：跟上等座一樣簡陋，也沒放雜物的小桌，座椅和靠背卻是塑膠加金屬的硬板；我心裡一沉。這節車廂，比剛才那節更多行李雜物。儘管很熱，好幾個男女，上車卻拎著中國製造的豔俗毛毯，透明塑膠套上的中文滿懷憧憬：「尊貴生活，美麗人生。」車內，熱氣混著菸氣；窗口和過道上方，緬、英雙語寫著不得吸菸，不過是一個玩笑。

二

下午四點從曼德勒開出的這趟火車，終點是靠近中國的緬北重鎮密支那（Myitkyina）。我去不了那麼遠，明天凌晨就會中途下車。列車準時啟動，車速很慢，輕微搖晃，就像幾年前我初到緬甸坐過的仰光環線，一路夕照，輝映郊區風景，破敗夾雜綠色。奇怪的是，火車沒直接北上，而是先向南行，經過阿瑪拉普拉和實皆（Sagaing）兩個遊客蜂擁的古都，然後才一路往北。

天色尚明，我注目窗外。白色垃圾點綴殖民時代的鐵道，沿途草根人家忙忙碌碌。一個膚色黑褐的女人，正要黃昏沐浴（緬甸女人多在水井或水椿邊沖涼，袒肩露臂，紗籠纏上胸乳），一隻手拽出上衣內的胸罩。一個四肢瘦小發育欠佳的男童，站在道旁，怔怔望著搖晃列車。過了伊洛瓦底江鐵橋，列車短暫停靠實皆，各類小販一哄而上，車內很快泛出一股街市味道：魚腥、油燜咖哩、米飯、嚼破的檳榔籽……

我的同座戴一頂沒軍徽的迷彩軍帽，三十來歲，五官雖小，搭配略顯猙獰，不怎麼說話；我幻想他是毒販或山賊。對面男女二十來歲，小夫妻，村民或鎮民，女的有些甜美，男的有些二愣，襯衣胸兜插了四支香菸，嘴巴一直沒空，不嚼檳榔就抽菸。女人不喜男人抽菸，他很知趣，每吸一口，湊近窗戶吐出煙霧。我看他，他看我，有些不自在。不論同座對座，我們很少出聲。毒販或山賊只會令人費解的零星英語，小夫妻完全失語。我掏出曼德勒便利店買的小板巧克力，女人樂得分享；我乾脆把剩下的半截巧克力給了她。過了實皆某小站，毒販或山賊買了一袋油炸豆餅，大家於是嚼著油嘰嘰的豆餅，吃，而非溝通，把我們暫時拉近。

天快黑了。夕陽照著遠方一尊白色巨塔。這座佛塔並非常見的鐘形，更像一隻凝固豐乳，倒置大地，乳頭朝天，一側乳峰泛著紅光。原野空曠，凝固豐乳很久才淡出視線。經過幾個小站，車內漸漸滿了，車廂連接處也是人。有人繼續吃喝，吃完把空飯盒塑膠袋扔出窗外，有人取出中國製造的豔俗毛毯，「尊貴生活，美麗人生」，要嘛蓋在身上，或是先把一層薄薄的草席鋪在座位下方，順勢躺下，拉開毛毯準備睡覺。我這才明白，上車時，你為啥好多緬甸人拎著毛毯。二月緬甸，夜裡一點也不熱帶。降溫很快，涼風灌進車廂，你覺得冷。對座女人坐不住了，抖開一條大披肩，鋪在座位下，很快鑽進去。二愣靠著車窗，半躺座椅，我的腳可以鬆一鬆了。

然而，列車晃得愈來愈凶，讓你不再顧及冷颼颼的涼風、橫七豎八的各色肉體（過道幾乎塞滿人和行李）和不時飄來的嗆人菸味。晃動並無規律，你無法調節身心漸漸適應，甚至沒法坐著打盹。你的身體在硬邦邦的座位和靠背上彈來彈去，一會兒左右搖擺，一會兒上下顛簸。隨著火車跳舞。我漸漸有了暈船的感覺。列車彷彿不在鐵軌上行駛，而是風浪中的小船，隨時都會傾覆。越過人頭和座椅，我望向車廂連接處。晃得最厲害時，上一節車廂跟這一節車廂，傾斜了大概三十度。

夜裡九點過，列車晃到一個小站。毒販或山賊咕嚕一聲「eating」，我跟著他，跨越過道的人和行李，湊近月台賣速食的攤販。「一千五一份。」他說。我要了兩份，沒讓他掏錢。然後，隨著跳舞列車，竭力保持平衡，我們餓狗一般吃著，就像趕時間的血汗工廠小工；吃，而非溝通，再次把我們拉近。

過道上，剛才竄上來的一個中年婦人卻很自如，一手扶著頭頂盤子，來回吆喝。身軀壯碩，圍著紗籠的臀部寬大突兀，這位小販彷彿剛剛走出費里尼的電影。坐著仰視，你只覺得一個歡快的大屁股左搖右擺跋山涉水。晃得難受，又惱又笑，我有些佩服同車的緬甸人：多年來，軍人政權那麼壞，當政者那麼貪婪自私，卻連鐵路都捨不得修好，而這些平民，不知道反抗無望，還是聽天由命，竟然毫無抱怨，該做什麼就做什麼。

我沒「尊貴生活，美麗人生」毛毯，只有薄絨衫與薄外套，不足禦寒。見我坐得不舒服，毒販或山賊比著手勢，讓我情人一般靠他肩膀。我搖頭婉謝。不少人已睡，有人打鼾；一個老頭點燃一支土產雪茄。鼓足勇氣，我飛越關山上了一趟廁所，回來繼續「跳舞」。跳著跳著，我居然睡著；人其實很賤。

醒來，我們又停一個荒涼小站。探出窗口，我看到幾個工人打著手電筒拿著工具，正在敲打車廂下方的連接處。敲了好一陣，車還沒開，有點麻煩。十來條野狗，就像看熱鬧的八婆，在列車四周竄來竄去，偶爾吠幾聲，只是遠遠避開人。窗口下方到處垃圾的草地上，一條白母狗正跟一條褐公狗交合，屁股對屁股。一條黑白相間的公狗站在一旁，搖著尾巴，賣力舔著同伴的交歡部位，不時徒勞撲上母狗。我第一次見識3P的狗。車開了。

三

凌晨四點過，我的終點不遠了。每到一個小站，緬甸人大包小包陸續下車。車內不再擁擠，但也更少熱氣。渾身冰涼，我不再隨火車跳舞，而是陣陣顫抖。對座小夫妻下車了，女人和二愣沒跟我道別；我們不會再見。一對敦實的中年夫婦準備下車，把車尾十來個沉甸甸的紙箱——他們的「行李」——搬到門口，不知裝的什麼寶貝。毒販或山賊也下車了，塞給我剩下的半袋油炸豆餅，我苦笑接過。等他走掉，我不好意思扔窗外，便放在座位上。零零星星又有人上車，兩個中年男人坐我身旁和對面。「你的？」身旁那位指著豆餅示意。我搖搖頭，等他把它扔出窗外。但他找來一截編織帶，仔細紮好，吊在行李架上；也許下一位乘客有興趣。

我在拿巴下車時，天快亮了，空氣凜冽。小站還沒醒。站外，只有幾輛兜客的三輪和兩輪摩托車，一家雜貨店兼奶茶鋪亮著燈。叫了一杯奶茶，我不敢坐上泛著冷光的鋁合金椅，太涼。跟著火車跳了一夜，暈頭轉向，我還在輕微打顫。也許，為了追尋歐威爾及其《緬甸歲月》，這不算什麼；比起長年含辛茹苦的緬甸人，更不應該大驚小怪。可我還是好奇，歐威爾時代，火車也是這樣跳舞？作家幾次寫他在緬甸坐火車，抵達眉謬如何清新，他在車上跟同為帝國效勞的一位同胞怎樣貶損殖民政府，但就從沒寫過當年的路況和車況。也許，身為白人警官，歐威爾無需像我這樣「自虐」，「屈尊」登上只有緬甸平民的普通列車。

二〇一六年六月二日

歐威爾那段緬甸歲月

一

在描寫英國勞工苦境的《通往威根碼頭之路》（*The Road to Wigan Pier*）一書中，歐威爾短暫回憶自己在英印緬甸當警察的歲月。那是一九二二到一九二七年。初到緬甸，歐威爾還沒二十歲，也沒真正開始寫作。去緬甸前，他自認是個既有等級偏見的勢利者，又是反抗一切威權的革命者。等他離開緬甸，「整整五年，我是一個壓迫體制的一分子，這讓我良心不安」，也讓他不僅想逃離令他憎惡的帝國主義，更想逃離人主宰人的所有形式。

除了九年後志願參加西班牙內戰反抗法西斯政權，緬甸五年，是對歐威爾思想演變和創作生涯的第一個重大影響。一九三四年，歐威爾的長篇小說《緬甸歲月》出版，故事發生地，正是他當殖民警察的最後一年所在，緬甸北部伊洛瓦底江畔的偏遠小鎮卡塔。

《緬甸歲月》的主人公弗洛里（Flory），是個三十多歲的單身木材商人，經年在卡塔周圍的荒郊野林工作，不時回到鎮上休假，跟為數不多的英國殖民官員和其他商人流連於白人才可踏足的網球場和俱樂部。歐威爾把這個格格不入、鬱鬱寡歡的英國人寫成自己的化身，因為在緬甸愈久，弗洛里就愈覺孤獨苦悶，「他現在的所有想法，都集中於對他身在其中的帝國主義氛圍的憎恨，這一憎恨荼毒一切」。

《緬甸歲月》雖是虛構，但是歐威爾把一眾自以為是的殖民者寫得太真實太不堪，英國的出版商擔心惹上官司，最初不敢出版這本書。小說初版是在紐約，過了一年多，才有英國版；為了「避嫌」，作家只得把故事發生地卡塔改成科塔達（Kyauktada）。

二

歐威爾時代，卡塔（或科塔達）的人口大約四千人，而今也不過一萬兩千。如同當年，從緬甸第二大城曼德勒去卡塔，你可乘船而上，也可坐火車；兩者都不輕鬆，都要十來個小時。

下午四點開始顛簸，我坐的普通座（Ordinary Class）火車，遠比中國的硬座列車簡陋。路基很差，火車就像醉漢跳舞，翌晨六點，終於晃到卡塔附近一個小站。

這是一月初，緬甸的乾爽「冬天」，白天烈日高照，早晚卻讓你冷得發抖，尤其是在北部。然而，我不是《緬甸歲月》女主人公伊莉莎白（Elizabeth），沒人專門開車來車站接我。在冷清站外叫了一輛摩托車，將近半小時，穿行於空空蕩蕩的黎明山野，我來到卡塔，站在薄霧環繞、紅日初升的伊洛瓦底江畔，腦袋飄忽，渾身冰冷，不由自主，牙齒打顫。

《緬甸歲月》很多故事，都發生在鎮上的英國俱樂部和網球場。多少「得益於」緬甸軍人政權將近半個世紀的閉關自守，這些場地還在。上個世紀初，殖民地白人專屬的俱樂部，遠遠不只「上等人」的休閒會所。用歐威爾的話說：「在印度（作者註：緬甸當年是英屬印度一個省）任何一個城鎮，歐洲人俱樂部是個精神堡壘，是英國勢力的真正所在，是當地官員和百萬富翁徒勞嚮往的涅槃。」

另一位愛爾蘭裔英國作家莫里斯．科利斯（Maurice Collis），與歐威爾同一時代，也在緬甸做過好多年殖民官員。科利斯的回憶錄《深入神祕緬甸》（*Into Hidden Burma*）寫道：「緬甸的英國俱樂部很少讓非歐洲人成為榮譽會員。」而在歐威爾筆下，卡塔小鎮的英國俱樂部，雖然遠遠不如仰光的勃固俱樂部（Pegu Club）氣派，但也傲慢無比，因為他們從未讓任何一個東方人入會。

卡塔鎮邊，從前的「歐洲人區」綠蔭宜人，點綴數棟殖民時代舊宅。將近九十年過去，浩蕩江水改道，不再流經這片「高尚」區域。上午九點，太陽已把你曬得肌膚刺痛。我站在大樹遮蔭的網球場門口，鐵絲網團團圍住，木柵門刷成藍色，上方窄欄寫著「卡塔，一九二四」的白色英文。《緬甸歲月》的男、女主人公弗洛里和伊莉莎白在這裡打過網球，伊莉莎白和她的新歡騎兵軍官也在這裡隨著留聲機薄暮起舞。

不像多年前來此追尋歐威爾蹤跡的美國作家愛瑪．拉金（Emma Larkin）所寫，卡塔網球場現已整修一新，球場刷成藍白紅，高高的裁判椅和低低的白球網亮得晃眼。一個淺色睡衣褲的中年男人，從後來修建的工作房兼更衣間內走出。他當然知道歐威爾，知道這是歐威爾小說的一大場景。網球場現有二十名會員，都是當地人，每月會費六千緬幣（不到三十元人民幣），打一場球只要八百。「黃昏這裡有人打球，很熱鬧，你可以來看。」他說。

英國俱樂部，就在網球場後方。走過一片不到兩百米的雜草空地，沒標牌，椰樹掩映，斜對一排貨倉，一幢低矮的兩層磚木樓房，斜斜屋頂鋪著瓦楞鐵皮，漆成黑色的牆板、窗戶和陽台木欄早已泛白。我踱上陽台，門開著。不像仰光俄國大使館對面殘破的勃固俱樂部鐵門緊鎖，一個瘦小老者迎上前來，圓領汗衫，圍著紗籠。是的，我可以看看，可以拍照。他帶我穿過擺滿老舊木椅、茶几和寫字台的大廳。「這是從前的陽台，從前的酒吧……」他用英語一一指點。然而，面對一堆灰撲撲的木床、木櫃和雜物，你很難還原當年情景。

「地下是桌球室。」老者指著一截殘舊木梯，下面空空如也。

「地板和柱子是當年的？」我問。

「對，橡木。」他說。

英國俱樂部現是本地一家合作社，兩個灰白頭髮盤成圓髻的老婦圍著寫字台忙碌。透過後窗鐵絲網，我遠遠望到一片青綠水田，那該是從前江道，土壤肥沃。

上個世紀二〇年代，應對印緬民族主義，英印當局更多懷柔。讓「有資質」的少數本土官員加入白人俱樂部，即是一大「安撫」。但這只是官方指令，種族主義根深柢固；在多數白人心中，印度人或緬甸人，仍是低人一等的黑鬼（nigger）。在《緬甸歲月》書中反角艾里斯（Ellis）眼裡，讓大腹便便、噴著蒜味的小黑鬼在橋牌桌邊跟白人平起平坐，這簡直不可忍受。要不要讓「黑鬼」加入卡塔的英國俱樂部，是《緬甸歲月》一大敘事主線。主人公弗洛里雖然鶴立雞群，想讓他的印度朋友、為人正直的威拉斯瓦米醫生（Dr. Verasvami）成為俱樂部會員，最終還是敵不過種族偏見與陰謀詭計。

可惜的是，歐威爾在緬甸的書信或日記現已不存，小說敘事，尤其俱樂部內那些針鋒相對的爭論，乃至辱罵，究竟多少基於真實事件，讀者只能猜測。但你可以想像，正如上面提到的美國作家愛瑪．拉金所記，一位父親和丈夫都在緬甸做過殖民警察的英國女士回憶，歐威爾的白人同事幾乎都不喜歡他，「做了五年你全無認同的工作」，他肯定格格不入。

三

弗洛里的孤獨，或者歐威爾的孤獨，也許只能回到自己住處才可短暫消解。小說中，弗洛里靠酗酒、跟緬甸女人上床和閱讀來排遣苦悶，因為你不得獨立思考與眾不同，不得公開表達你對大英帝國的異見，「你只有做一個醉鬼、懶漢、懦夫、背後中傷者和通姦淫亂者的自由」。

緬甸五年，歐威爾究竟有沒有像弗洛里那般跟眾多緬甸女人糾纏，這方面毫無記錄，讀者也只能猜測。但你同樣可以想像，這位年輕瘦高的英國警官，每晚喝得微醺，跟幾個也為帝國效勞的「體制內」白人聊完無關痛癢的話題，從卡塔俱樂部回到警官寓所，他一定深感鬱悶。也許，坐在暑熱還未散去的房內，就著緬甸或印度僕人點亮的煤油燈，燃上一支菸，不顧蚊蟲叮咬，他會翻開筆記，記下周圍的人和事，記下五年來，身為「一個壓迫體制的一分子」，他的羞愧、沮喪與憤怒。

幾經詢問，我找到歐威爾住過的那棟房子，就在網球場和俱樂部斜對不遠的大路一側，右邊是鐵皮屋頂小小的聖保羅教堂，左邊是一排簡陋商鋪。半開的木欄門內，一條土狗對我狂吠。一個中年女人走出隔壁汽車零件店，把狗喝退，示意我可推門進去。院內雜樹，紅褐泥地，兩輛警車停在樓前。半島電視台二〇一四年三月有則報導，這幢兩層樓的柚木房子，是緬甸一位歷史愛好者和歐威爾迷多番考證，最後確認歐威爾在此住過。如同卡塔的英國俱樂部和網球場，這幢舊樓也沒招攬遊客的醒目招牌。

腳步放輕，我邁上淺淺的陽台木梯。一樓室內，一個中年男人埋首寫字台，似乎毫無留意。這是當地警長；時隔多年，這裡仍是警官寓所，陽台晾了幾件衣服。

「明格拉巴。」我用緬甸話打著招呼。身為「公家人」，警長沒笑，不冷不熱。「我可以上樓看看嗎？」警長只是點點頭。我脫了鞋，踩著陽台一側的樓梯上到二樓。

出乎意料，二樓幾個房間是空的，既沒住人，也沒不知哪裡搬來幾件舊家具假扮名人故居。正午的猛烈陽光透過窗戶，把近百年前的柚木牆板和地板照得晃眼；地板和一半牆板刷了白漆，地上很乾淨。穿過兩、三道間隔木門，我竭力想像，這裡也許是二樓前廳，這裡也許是臥室，這個角落也許是洗手盆和廁所。歐威爾的僕人，殖民地每一位「有身分」的白人都有那麼兩、三個，也許就住樓下或樓外平房。我想起愛瑪．拉金在她書中所寫，歐威爾從卡塔回英國休假，他的姐姐發現弟弟變了，頭髮更黑，留了鬍鬚，把菸頭和火柴棒隨手扔在地板上，指望別人打掃，顯然習慣了僕人侍候。儘管內心已有根本轉變，痛恨人主宰人的一切形式，渴望跟所有被壓迫者站在一起，但他的確一度變成「壓迫體制的一分子」。

回到一樓陽台，警長還在辦公，當我這個僅有的訪客不存在。赤腳站在陽台，我看了一陣木板牆上的海報，十來張圖片，關於卡塔和歐威爾；說明是英文，也許這兩年才有，得力於那位緬甸歷史迷的「發現」，儘管專程跑來偏遠卡塔的西方人還是很少（在卡塔，我也沒見到一個外國人模樣的亞洲面孔）。

介紹歐威爾的一段文字讓我失笑，它提到《緬甸歲月》、《一九八四》和《動物農莊》。它說《動物農莊》的出版令國際社會主義者和共產主義者憤怒和震驚，這本書在俄國和中國依然被禁。若非警長不冷不熱，我其實很想告訴他（或是讓他轉告海報製作者），這段話應該改寫：就像緬甸，俄國和中國現已買得到《動物農莊》，不過，歐威爾那句名言

（「所有的動物都是平等的，但是有些動物比其他動物更平等」），在這兩個國度，或在世界不少地方，依然適用。

四

小說《緬甸歲月》以悲劇結束，主人公弗洛里萬念俱灰飲彈自戕，他的朋友威拉斯瓦米醫生也沒能加入卡塔的英國俱樂部，反而是一個貪腐奸詐的本土官員吳波金（U Po Kyin）如願以償，飛黃騰達。

一九二七年六月，歐威爾回英國休假。他後來在《通往威根碼頭之路》中寫道，回英國時，「我已半下決心拋棄我的工作……我不要回去做那個邪惡的專制主義之一分子」。不久，歐威爾告訴家人，他不回緬甸了，他想成為一名作家。也許，放棄了常人眼中養尊處優的殖民地警察一職，歐威爾那時想做的作家，已經不是一般的作家，因為「我想讓自己沉下去，沉到被壓迫者中間，成為他們的一員，跟他們站在一起反抗暴君」。

我在卡塔江邊一處簡陋的「涉外」客棧住了五天（依照當局規定，我填寫的外國人入住表，肯定報給了當地移民官），除了去看《緬甸歲月》的故事發生地和歐威爾的房子，也在伊洛瓦底江畔流連，在遠離從前「歐洲人區」、不那麼「體面」的鎮上晃蕩。這麼些年過去，江邊有了不時停電的路燈和中國製造、名為轟轟烈的農用三輪摩托車，但是卡塔似乎變化甚微，仍是一個昏昏欲睡的邊遠小鎮。

入夜，江邊兩座佛寺閃著零星彩燈，廣闊江面和對岸荒野一片漆黑。白天，纏著紗籠的本地男子，蹲在江邊垃圾堆中小便；他的身旁，鴿子、狗和麻雀各自覓食。我一直沒去圍觀黃昏的網球會，而是走到鎮外一處露天啤酒屋，坐在一株巨大的雨林樹下，對著遠處幾泓靜水和收割後的農田，那裡也是從前的江道。

鄰桌兩個緬甸人也在吃喝；發福的中年男子身穿迷彩服，另一個比他年輕，兩人跟我一樣黑（我曬得很黑，殖民時代肯定也是「黑鬼」）。

「你從哪來？」中年男子突然用英語問我。我告訴他。中年男子綻開笑臉。

「我在鎮上見過你。」他說。這不出奇，尤其小地方。然後，彷彿表示自己見多識廣，中年男子說：「我去過中國，雲南。」他接著冒出一堆像是中國話的古怪雜音，我笑著搖搖頭。

「你叫啥名字？」他用英語重複，然後又是那堆雜音，原來他說的是不知雲南哪裡的土話。

見我恍然大悟，中年男子很開心，又扔給我一句雲南土話：「我們麗江。」這次我聽懂了，想著麗江各類奇葩，咧嘴陪他傻笑。

「我是這裡的移民官，這是我的助手。」他終於掀開迷彩服，亮出代表權力的制服，一邊指著跟他一起的年輕人，神氣得就像《緬甸歲月》裡面的本地官員吳波金。

二〇一六年四月

格勞的小酒館

繆昂（Myo Aung）五十多歲，看上去不過四十來歲，戴眼鏡，黑髮濃密，臉有點方，稍稍發福，灰色運動衫，語音溫和，像個中學教師。兩年前，我第一次去繆昂店裡，他不僅沒 iPhone5，連普通手機也沒有。這不出奇。很多緬甸人那時沒手機。一張 SIM 卡上千美元，一般人哪裡買得起。

兩年時間，緬甸很多變化，除了翁山蘇姬和全國大選這類國際傳媒的報導熱點，民眾也有了更多自由，儘管多數人活得還是艱難。最大一個變化，是電信市場開放，卡塔爾和挪威兩家運營商跟國營電信競爭，半數以上的人有了廉價的智慧型手機，隨時可打電話，隨時可上 Facebook 等社交網路，不用翻牆。

但是繆昂還用傳統的筆記本記帳。每賣一杯酒，他都翻開櫃台內有點油膩的硬皮帳簿，不到 A 4 紙大，不曉得是不是兩年前那本。夜裡，撣邦高原遍山松林的格勞小鎮很清冷，鎮中心的市場早已關門，街頭只有零星小吃攤、路人和偶爾駛過的汽車或摩托車。在格勞十天，幾乎每晚，我都去旅館對街的繆昂那裡。

那是鎮上最熱鬧的地方，但那熱鬧很本土。兩年過去，不過二、三十平米的小酒館沒啥變化，依然狹窄、昏黑、簡陋、破舊、前現代。繆昂不賣啤酒，也沒精美的酒水單，他的招牌酒 Mandalay Rum Sour（曼德勒蘭姆酸酒），多半是他親手調製，配方簡單，喝來爽口：廉價的曼德勒蘭姆酒、檸檬、蘇打水，再加一點糖漿，一杯一千緬幣（大約人民幣五塊錢）。

五元一杯酒，是我迄今泡過的最便宜的酒吧。稍有閒錢的本地人也消費得起，他們是這裡的常客，有的做生薑生意，有的給寺院慶典或婚喪儀式攝影，有的多年前做過海員，在澳洲雪梨住過一陣。除了仰光等少數大城，緬甸很少一般的酒吧，即有多半高端，跟本國平民無緣。緬甸人想喝酒，愛去街頭巷尾的 Beer Station（啤酒屋），不像酒吧，更像四川的蒼蠅館子。

繆昂的小酒館是個異端，而且開在偏遠小鎮。開了十九年，今年三月就是二十週年。「那年，緬甸軍政府剛向外國人開放旅遊。」他用英語告訴我。一九九六年，緬甸還是國際棄兒，即使鐵屋開了一條縫，來格勞的外國人也不會太多。可以想像，那時，這裡的酒客都是本地人，說不定還有監控民眾的當局密探，不像現在，幾乎每晚，都有幾個我這樣的外國人混跡其中，跟本地人舉杯，大家暢所欲言。

繆昂的小酒館只坐得下十餘人，酒客圍著半人高的U型吧台而坐，老闆和一個年輕夥計，站在狹窄吧台內忙碌。交談容易，不單因為能講幾句英語的緬甸人遠遠多過中國人（依照人口比例），更因為普通緬甸人不可多得的友善。除了本地常客，每來一個外國人，繆昂都會詢問對方國籍，跟客人碰碰杯，用緬甸話祝你健康，請你免費品嘗外賣叫來的佐酒小食 ginger salad（生薑沙拉）或油炸的 samosa（印度咖哩餃）。

我忘了上一次報的國籍，只說我是香港人，兩年前來過。繆昂有些詫異，格勞小地方，來過兩次的外國人不多。其後，只要我在，他都會跟緬甸人、外國人介紹我，說我兩年前來喝過酒，把我當成活廣告。冒充香港人是我在外旅行的一大慣例，因為我懶得跟人討論或解釋天朝的種種劣行或「奇觀」。然而，這個不想多費心的謊言和繆昂的熱情，險些讓我穿幫。有天夜裡，一對斯文中年夫婦，緬甸人裝束，坐在門內角落喝酒。「他們是緬甸華人，女的在香港開過診所。要不要把你介紹給他們？」繆昂說。我藉口想聽幾個後生彈吉他唱歌，躲過「一劫」。

音樂是這家小酒館另一招牌，但沒跑場的職業歌手或駐唱藝人，更無麥克風和迷幻彩燈。一切自發。幾個二十來歲的緬甸後生，膚色黝黑，有的是英治時代來此修鐵路的印度人或尼泊爾人後裔，幾乎每晚都在。他們的吉他和歌喉很激情，雖然一把吉他音箱已經破裂。唱的多半是緬甸流行歌，還有緬語版〈跟往事乾杯〉，都不文藝。很多時候，吉他響起，所有人跟著唱、跟著哼，不分職業、國籍和種族，用手拍著木質吧台或摩托車的頭盔；一個三十來歲的智障男子不時溜進來湊熱鬧，手舞足蹈。

只可惜，保守的緬甸女人從來不進酒吧，除了那個在香港開過診所的華裔中年女人。這個全男性的小鎮小酒館，有時也夾雜「流竄」此地的二三西方女人，跟當地人喝酒唱歌言笑，讓你覺得有點怪異，但是對於西方女人，這裡遠比色狼出沒的印度安全。緬甸人的「放肆」，頂多用手機近距離對準兩個德國妞拍照合影；她們咯咯笑著，有些驚慌，但又開心。

我第二次來格勞時，二〇一五年十一月的緬甸大選剛過不久，翁山蘇姬領導的全國民主聯盟（NLD）大獲全勝。經歷半個多世紀的軍人獨裁殘酷鎮壓，民不聊生，緬甸終於邁上正道，充滿希望，百廢待興。細心觀察，繆昂的小酒館也有了一個新擺設，獨特又不起眼，那是櫃台上有些褪色的 Chivas Regal 空酒盒，一側貼了一張 NLD 小旗：紅底映襯黃色五星，一隻孔雀傲然疾行（孔雀是殖民時代緬甸民族主義的象徵）。我笑稱這是

NLD威士忌。

「沒錯。」繆昂笑道：「這裡人人都把選票投給NLD。」

我也很快發現，幾乎每晚，等到酒客微醺，繆昂都會手捧NLD威士忌空酒盒，講起它的來歷：大約也是兩年前，一位愛爾蘭人來此喝酒，喜歡上那幾個緬甸後生的吉他與歌聲。得知他們都是業餘演唱自娛娛人，愛爾蘭人想給一點錢以表心意。緬甸人堅決不要錢。最後，賓主折衷，這筆錢放進空酒盒，鼓勵後來者隨喜捐助。每年，空酒盒裡的善款都會送到當地醫院或村寨。「沒有中間環節，窮人直接受益。」繆昂背出每年籌得的詳細數目，很自豪。

出於禮貌，也因為他很忙碌，我一直不好打探繆昂的私人生活，也沒見過他的太太來店裡，只見過一次他的胖兒子，在念中學，也能講英語。也許繆昂真的做過中學教師，也許一九八八年席捲緬甸的民主運動那陣他曾是熱血青年？儘管現在的緬甸人公開場合不再噤若寒蟬，政治我們聊得卻不多。除了談論Daw Suu（緬甸人對翁山蘇姬的尊稱）能否讓軍方妥協順利出任緬甸新總統，繆昂還提到過今年春節香港旺角的警民衝突和失蹤書商。

「香港一團糟。」我這個假港人說：「沒啥希望。」

沒錯，登上國際傳媒網站，關於中國和香港，幾乎都是壞消息，雖然比起世界有些地方，還不至於最糟。我很高興緬甸總算令人精神一振，就像某晚坐在吧台跟我聊得火熱的斯文眼鏡仔所說：「我覺得緬甸的未來會好。」他不到三十，尼泊爾裔，是個理學士，在市場街邊開了一爿小店，經營手機配件，也修手機。眼鏡仔三、四月就要結婚，女友一半印度血統，一半撣族，理學士兼英語學士，在鎮外一家高檔度假酒店做櫃台。不單因為年輕，不單因為就要成家，眼鏡仔有理由樂觀，因為他把年已七十的翁山蘇姬喚作「our mom」（我們的母親）。

根據政府規定，繆昂的小酒館這類夜店，深夜十一點半必須關門。在格勞最後一夜，我一直喝到最後一位，開心、惘然，不知何時重來。我和眼鏡仔約好第二天中午去他店裡，他幫我選一張經濟又實用的 SIM 手機卡（我在緬甸直到最後半個月才買手機卡；我還是想在這個「貧窮落後」的國度享受一下不用翻牆的快感）。

「可惜你就要離開緬甸，不然可以參加我的婚禮。」眼鏡仔說。

快到十二點，小酒館只剩我和繆昂，他還在收拾，準備關門。我和繆昂道別，說我還會再來，我喜歡安寧清新、生活便宜的格勞。繆昂從吧台內拿出一瓶曼德勒蘭姆酒，給我也給自己倒了一小杯，算是給我送別。

「嘉瓦巴熱！」他說。祝你健康。

「嘉瓦巴熱，也為緬甸。」我說，沒用緬甸軍人政權前些年蠻橫更改的 Myanmar 這一國名，而是用了國際社會和緬甸反對黨向來使用的 Burma。

「對，for Burma!」繆昂說。

二〇一六年四月

孟眉的金覺先生

一

從仰光坐火車南下，重訪緬甸第四大城孟眉（又稱毛淡棉，作者註：因爲有了內比都這個新首都，孟眉已從緬甸第三大城「淪爲」第四），我有兩大理由：去附近一個小鎮看新開的死亡鐵路紀念館（二戰時，日軍役使當地平民和歐美戰俘修建的戰略通道之緬甸起點）。去孟眉遠郊的帕奧佛寺（Pa Auk Taw Ya），學習 Vipassana（內觀）靜修；那是緬甸最大一處靜修中心，外國人免費食宿。Vipassana 是印度最古老的一大冥想方式，亦為佛陀採納傳授。雖非佛徒，亦不信別的教，我對 Vipassana 卻有興趣，緣因好幾年前，讀翁山蘇姬傳記，看到她被軟禁時，常讀緬甸高僧班迪達禪師（Sayadaw U Pandita）的《就在此生》（*In This Very Life*）。我隨即也找來讀了兩遍，然而終是務虛。

我的兩個理由，結果兌現一半。兩層樓的死亡鐵路紀念館，很現代，很小巧，展品卻只有翻拍的老照片，外加一輛舊式蒸汽機車和幾根鏽蝕鐵軌。入口院內，一堆不太高明的彩塑，讓你想起天朝「愛國主義教育基地」：兩個凶神惡煞的皇軍官兵，正在督促幾個上身赤裸、腰纏帕索（pasoe，男式紗籠）的緬甸民工築路；不知為啥，並無狼狽不堪的白人苦工塑像。紀念館稍遠，還有大片盟軍戰俘墓地，維護良好，卻很冷清。我剛進去，坐在門廊的一個美國妞就問：「曉不曉得美國人的墓在哪一塊？」前來尋祖，她顯然當我本地人。正如佛陀講的無常，我的另一理由卻成泡影。帕奧佛寺清涼山門前，一位僧人告訴我，寺內有典儀，這一陣暫不收留「老外」。簽證就快到期，我唯有打消靜修念頭，回到紅塵。

比起兩年前，孟眉海濱或江畔（薩爾溫江入海口）的小廣場整修一新，豎起一塊電子螢幕（幸好只播商業廣告，沒有緬甸新聞聯播或緬甸夢），有了收費一百緬幣的公廁，那一溜夜間燒烤攤也更繁榮；偶爾還要停電，卻沒從前頻繁，然而螢火蟲飛舞的江畔草叢更多垃圾。緬甸步向有限民主，歐美放寬貿易限制，先進國家聲名狼藉的菸草公司大舉登陸。入夜，性感ＯＬ裝扮的 Winston 小姐或 Mild Seven 小姐，穿梭手握廉價智慧型手機的江畔食客之間，誘人上癮。開頭三天，我仍住上次那家「微風」客棧，簡陋狹窄的單間從六美元漲到七美元，早餐，仍是讓你吞得生厭的疲軟吐司、人造奶油和三合一奶茶。

孟眉卻有妙人。一個四十左右的高瘦本地人，戴眼鏡，酷似作家阿城，客棧外跟我搭訕。他有一半中國血統，平時就靠兩輪摩托車載客維生。夜裡，我在江畔燒烤攤剛入座，阿城湊近，也不管你樂不樂意，一屁股坐下，有一搭沒一搭，看我吃喝。早晨，他又在客棧外，一聽我喜歡吃魚湯粉，硬要免費載我去兩、三分鐘路程的市場，他妹妹開了一家。到了市場外，店裡女人根本不睬他。我知道阿城撒謊，是想兜我生意，載我看遍遠郊各大「景點」，於是客氣把他打發。還有一個糟老頭，能講英語，總在街頭跟外國人握手寒暄。他先後跟我親切握了兩次手，每次都說他是Myanmar Muslim（緬甸穆斯林），去過中國。北京、上海、深圳、香港，他背著地名；也許他真的去過，也許他是知道分子。

二

我認識金覺先生，也在孟眉街頭。那天黃昏，我去看了空無一人大門緊閉的First Baptist Church，這是殖民時代緬甸第一座浸禮會教堂，首任牧師耶德遜（Adoniram Judson）在此把聖經譯成緬文。走出教堂院子，我坐在門前石頭歇息，望著金色餘暉映射風雨剝蝕的方正鐘樓；這一帶幾乎沒行人。「小心有狗！」有人突然用英語警告，一手指著教堂。他看上去不到六十，跟我差不多高，很瘦，沒緬甸人那麼黑，穿格子襯衫、黑色長褲和人字拖，拎著不鏽鋼飯盒，肩挎淡褐帆布包，頭髮花白，一嘴爛牙。從讓我小心惡狗開始，就像很多緬甸人那樣毫不做作，這個老頭站在街邊，很快跟我聊得火熱。

他是附近一家小客棧經理，五點半要上夜班，直到翌晨八點。「對面學校以前是教會學校。」他說，告訴我從前他是教師。聽說我住「微風」客棧，他連連搖頭：「那家不行，我在那裡當過經理。」他說得沒錯，「微風」的公廁沒馬桶，公共浴室只有冷水。然後，他從肩包掏出一份摺疊的彩色傳單：他上班的地方，重新裝修，開張不久，單間有熱水、空調、馬桶，還有電視，只比「微風」貴了三美元。傳單的照片和英文都是他弄的。他打開手機，給我看他的畫：孟眉海景、托缽僧人，畫得不錯。「我畫水彩。現在忙，不畫了。」多給三美元就住得舒服，我答應一會兒過去看看。「房間少，接著幾天訂滿了。你要住不見得有。」他說。我突然覺得，這老頭長得很像紅色高棉的杜克同志。

不過十分鐘，在孟族文化博物館斜過的露天茶室，我又撞到杜克。他上班前喜歡在這裡喝杯茶。我們坐上炎熱泥地的塑膠矮凳，一人一杯奶糖適中的拿佩耶（Lapeq-ye）。他六十七了，生在孟眉，母親緬甸人，父親中國人，但他講不了中國話；中學念的教會學校，大學也在本地，學的 Zoology（動物學），隨後在孟眉六中教書：數學、英語。他太太和女兒也是教師。三個孩子（兩男一女），六個孫兒孫女。話題很快轉到歷史。六〇年代，奈溫將軍政變上台，排外、獨裁、國有化，要搞緬甸特色的社會主義，他覺得這個國家不能待了，想跟海員朋友去台灣（那時去台灣很容易）。但他見到母親掉淚（他是獨子），自己又不會中文，結果沒去（朋友最後去了美國）。

「這些年，緬甸教育一路下滑，一百個人裡面沒幾個講得好英語！」比著手勢，搖著腦袋，杜克很憤然。我說報上讀到，翁山蘇姬要新當選的國會議員學好英文，他馬上說，翁山蘇姬受過良好教育，那幫軍人卻是老粗。「哪像從前的教會學校，老師還有盎格魯緬甸人（Anglo-Burmese）。」他還記得他的先生叫啥名字（後來遠走澳洲），他念的那所St. Patrick有泳池，可以跳水。「學校還在不？」我問。「早沒了。你知道嗎，緬甸以前有四所著名的教會學校。」他很驕傲。我隨即掏出一份影印的Vipassana靜修指南，請他在空白頁寫下校名和他的名字。Khin Kyaw（金覺），這是他的姓名。然後，他用文雅斜體寫出當年四所學校及其所在城市。金覺先生很細心，不忘寫上仰光、孟眉和眉謬的英文新舊地名。「Mr. Lin, Nice to meet you today at tea shop.（林先生，很高興今天跟你在茶館相識。）」他最後寫了這麼一行，像個廣播年代的老派筆友。

三

隔了一天，我搬到金覺當經理的小客棧。「微風」縱有不好，老東家卻是文雅紳士。我不好「公然叛變」，check-out 時，啥也沒說，叫上正好路過的阿城，讓他偷偷把我載去金覺那裡；我也算照顧了一回阿城的生意。兩家客棧隔了幾條街，接著幾天，我可以自欺欺人，不從「微風」門前經過。金覺沒騙我，這家客棧「價廉物美」，的確供不應求。「你只能住兩夜。」捏著自來水筆，對著小小前廳櫃台後面的白板，又像自言自語，又像講給我聽，他研究了好一陣這幾天的開房、退房和訂房，雖然客棧不過十個房間。我很感謝金覺先生，也很高興搬來這裡，不單暫得舒適，也有機會跟他閒聊。

夜裡，孟眉有風，暑熱漸退。金覺坐在客棧門外街沿，一邊抽土產雪茄，一邊看手機的ＢＢＣ新聞緬文版：希拉蕊獲得美國某州民主黨總統候選人提名。我也拖過一張紅色塑膠椅，坐在一旁；一條土黃大狗蜷在我的腳邊，下巴貼地。我們聊起剛剛過去的緬甸大選，翁山蘇姬領導的全國民主聯盟大獲全勝，但是依照軍人政權前些年制定的憲法，翁山蘇姬非但做不了總統，無需參選的軍方議員依然占據兩成五的國會席位，國防內務等要職更是軍方直接指定。「荒謬！有哪個國家是這樣！」金覺罵道。「也許還有中國、越南、北韓和古巴，這些共產國家。」我說。「他們殺了很多學生。」金覺說，他指的是一九八八年死於民主運動的緬甸學生；那些下令開槍的元凶，不單逍遙法外，還多半榮華富貴。

軍人政權血腥鎮壓民主運動那年，金覺還在孟眉六中教書。六年後，他辭職去了仰光，先後打了三份工。有趣的是，三個老闆都是他的學生（「我的學生都喜歡我。」他很得意，也愛說自己是受過教育的）。第一份工是幫小有名氣的建築師，但是公司合夥人有軍方要員的兄弟；金覺不喜歡，辭職了。第二個學生是辦運輸公司的，貨運。第三個學生開會計行，金覺做了一陣，二〇〇五年還是回了孟眉。「仰光人多車多，連散步的地方都少。」他說。老了，還是每天在孟眉江畔或海邊走走比較舒服，閒下來還可去帕奧佛寺靜修。就像現在，上夜班前，他到街邊茶館喝杯拿佩耶，第二天凌晨六點起床，溜出客棧，先到附近茶室喝茶、吃魚湯粉，七點再溜回客棧等著交班，然後再去另一家茶室坐坐。他不喜歡摩托車，喜歡騎單車，一年一換。「單車不貴。」他說：「舊的我就賣給二手店。」這個愛好，似乎是他現在最大的奢侈；兩天一盒菸，他只捨得抽五百緬幣的國產Richard。

我至今後悔那晚沒敢接招，翌日凌晨跟金覺先生去喝早茶，吃魚湯粉。接著兩天，我哪也不去，就在孟眉喘口氣：我的七十天緬甸之行就快結束；身體雖然疲憊，內心卻很安寧。我的最後一程，是比孟眉還南的土瓦，位於狹長的馬來半島。金覺說他年輕時去過土瓦以南的丹老（Myeik）群島，「坐海員朋友船去的。太美了。」然而那裡住宿稀缺，房價奇貴，外國窮人消費不起。最後一個黃昏，我在一條僻靜小街的街邊吃了免費晚餐。宗教節日，見者有份，也幫平民施主累積功德：緬式咖哩豬肉、酸湯、米飯。緬甸雖窮，你在這樣的地方卻不會餓死。回到客棧，金覺等我等得著急：我託他買了去土瓦的汽車票，那裡偏遠，當局依然要求外國人上車時備好護照影印件（中途有軍警檢查站）。天黑了，商店關得早。金覺把我帶到轉角處一家印裔緬甸人開的影印店，幸好沒打烊。「你要準備兩張，來回。」他說，一直陪我等到那台老爺款的日本影印機「蘇醒」。影印費兩百緬幣，相當一杯拿佩耶；他不讓我掏錢。

二〇一六年六月二十二日

加爾各答

一

從靠近沙漠的齋蒲爾（Jaipur）坐飛機到瀕臨孟加拉灣的加爾各答，由西而東，就像來到另一國度：乾熱變成濕熱，街頭招牌的印地文變成孟加拉文。然而貧窮依舊：普遍的貧窮，世界最大的民主國家令人沮喪的貧窮，讓貌似西化、居於少數的印度精英不安與尷尬的貧窮。

加爾各答的印度博物館是氣派的殖民時代建築，開館已有兩百年。無家可歸的窮人就住博物館牆邊。早晨，濕熱尚可忍受，黑得讓人鄙視的賤民女人，穿著小背心，裹著紗籠，坐在人行道的手壓水樁邊洗澡，頭上和裸露臂膀抹滿皂液。瘦小無牙的老祖父，坐在塑膠布遮擋的低矮窩棚外逗著小孫女。黃昏，「每家每戶」忙著街邊生火做飯，地上罎罎罐罐，炊煙繚繞，你不覺得這是泰戈爾和雷伊的城市。

還有骯髒。加爾各答的大街小巷不像清奈（馬德拉斯）那樣殘破得讓行人小心踏步，也沒你在新德里火車站附近看到、嗅到的半露天公共便池尿水橫流，一直流到地鐵站入口，但是隨處垃圾。你在印度享受另一自由，比在中國還要自由：吐痰的自由、隨手扔垃圾的自由；你要是放得開，也可學印度男人靠著牆邊屙尿，或是蹲在路旁，兜襠布或男式紗籠下手握陰莖，女人一般小便。

十月二日，印度總理穆迪是國內電視新聞頭條寵兒，就連BBC整點報導也請來嘉賓深度分析。「清潔印度」運動揭開序幕。在首都德里，從總理到大小官僚，人人手執掃帚，對著鏡頭清潔印度（若在平時，清掃垃圾、疏淘陰溝，仍是賤民「專責」）。

加爾各答山高皇帝遠，不論電視還是現實，我沒看到任何官員對著鏡頭灑掃。這個城市忙著另一盛大節日：杜爾加女神節（Durga Puja）。街頭巷尾搭起帳篷，張燈結綵，六隻手的杜爾加女神塑像或畫像隨處可見，俗豔光鮮。下午到晚上，我住的薩德街（Sudder Street）某家旅店外，街邊帳篷幾個大音箱從沒安靜。入夜，一個本土樂隊站在台上又唱又跳直到午夜，男女老少歡天喜地。

加爾各答是我的兩個月印度之旅最後一站。將近兩個月下來，我已像印度人那樣，對周遭的一切習以為常，既看見又沒看見，既聽見又沒聽見。這是必不可少的生存智慧，不然你要怎麼正常活著？不論外界怎樣髒亂淒慘，你必須像橫行街頭的聖牛，不緊不慢，鎮定自若。

薩德街一帶，是城中旅店客棧最集中的街區，房間多半陳舊壓抑，房價卻又偏高。斜對街邊帳篷那幾個大音箱住了第一夜，翌日清晨，我到處看房，搬到背街小巷一家相對清爽的小酒店，雖然牆面依舊剝落。不像印度其他城市外國遊客居多的街區，這一帶甚至沒有像樣的餐館，除非你多走十來分鐘，去到加爾各答中上階層愛逛的公園街（Park Street），那裡的中餐館、義大利餐廳和時尚麵包坊讓你身在另一世界；冷氣開得十足的牛津書店已有百年歷史，擺滿泰戈爾著作和雷伊電影的ＤＶＤ光碟。公園街還有一個新的街名：德蕾莎修女街。然而修女的濟貧院，不在這條街上。

薩德街是條小街，只有幾家簡陋小吃攤和印度奶茶鋪，不單外國人，本地人也愛光顧。一家露天小吃就在街邊，黑瘦的孟加拉中年老闆就著煤油爐又煮又炒；沒有餐桌，只有草草搭成的幾條石凳；靠牆靠電線杆，牽了幾幅遮雨塑膠布，懸著「Fusion Asian Food」的招牌；七、八個白膚黃膚的外國人坐在石板上，一邊吃喝、一邊聊天。

一個不到三十的單眼皮東方女子，正從老闆手裡接過一碗湯麵。

「這個好吃嗎？」我問。

「好吃。有點像韓國的泡菜拉麵。」東方女子竭力推薦。

「妳是韓國人？」

「對。」

我也叫了一碗貌似辛拉麵的泡菜湯麵。麵還沒煮好，看她健談，我像印度人一樣盤問不停，儘管不太禮貌。她來印度兩個月了，哪也沒去，就在已故德蕾莎修女創辦的仁愛傳教修女會（Missionaries of Charity）幾處濟貧院做義工，侍候疾病纏身的孤苦老人，給智障或殘疾兒童餵飯、洗衣服、打雜。

「你們洗衣服用洗衣機嗎？」

「沒有。都是用手。」

幾天前在齋蒲爾，我讀了九月號的《新國際主義者》雜誌一篇文章——〈德蕾莎修女怎樣折磨加爾各答〉，作者貝德佛（S. Bedford）來自多倫多，也在仁愛傳教修女會的加爾各答濟貧院做了兩個月義工。貝德佛寫到濟貧院簡陋壓抑的環境，病人苦痛得不到適當緩解，缺乏醫護背景的眾多修女和各國義工，怎樣以原始方法清潔黏滿病人排泄物的床單衣物，而這難免交叉感染。如同已故作家克里斯多福・希金斯（Christopher Hitchens）批駁德蕾莎修女的那本小冊子《傳教士的立場》（*The Missionary Position*，這本小書的書名起得很促狹，讓人想到男上女下的性愛姿勢），貝德佛也提到，仁愛傳教修女會每年約有一億美元慈善進帳，這些錢不僅缺乏明細下落，德蕾莎修女反對墮胎、狂熱傳教的保守立場，也招來質疑，尤其她去世前不久在華盛頓告訴記者的那番話：「我覺得窮人認命並且分享基督的激情很美。我覺得窮人的苦痛對這個世界大有裨益。」

謹慎起見，我問韓國女子是否基督徒。不是。她沒宗教信仰。我於是大致說起上面那篇文章。那是。她說。她認識的有些義工也曾埋怨。

「妳現在哪裡做義工？」我問。

「兒童之家（Sishu Bhavan）。」她把專門收容殘疾和智障孤兒的濟貧院名字寫在我的旅行指南上。從薩德街走到兒童之家不過二十分鐘，後者距離德蕾莎修女紀念館也只有五分鐘路程。然而明天是甘地生日，紀念館濟貧院都不開放，我只好隔天再去。

我點的泡菜湯麵煮好了。坐上靠牆石凳，端著不鏽鋼碗狼吞，味道不錯；凌晨不到五點就去齋蒲爾機場等飛機，直到午後才得安頓，我真的又累又餓。一個中年四眼美國佬，坐在另一張石凳上，捏著半瓶啤酒，已經半醉。他一直喋喋不休，但我現在才有興趣聽他胡言。「我做過海軍陸戰隊員。」美國佬捲著舌頭告訴對面的日本女孩。她是他的情人。韓國女子也是他的情人。她們是他見過最漂亮的女孩。「你是塔利班！」海軍陸戰隊員指著對面一位年輕白人，後者穆斯林一般留著長長的鬍鬚。「塔利班」和白人女友沒有答理。

「你是海軍陸戰隊？去過哪裡？」我問。

「〇二年。伊拉克。」

「推翻薩達姆．海珊。」

「對。很久以前的事了。塔利班！」他繼續挑釁。看到對方沒反應，海軍陸戰隊員轉頭對我：「我完了。」然後，他伸出一隻拳頭，老友一般，跟我的拳頭撞在一起，像在重溫從前的同袍情誼。「塔利班！」他繼續吼著。

二

加爾各答市區的 AJC Bose Road 54A 有幢兩層小樓，名為 Mother House（仁愛會總部）。從一九五三年到一九九七年去世，德蕾莎修女就住這裡，而且葬在這裡。一九二九年一月六日，原籍阿爾巴尼亞的德蕾莎修女，年僅十九，從愛爾蘭坐船，輾轉來到加爾各答，後在一所教會學校任教，直到一九四八年八月隻身出走，發願服務窮人中的窮人。一九五〇年十月七日，仁愛傳教修女會正式成立。修女屋薄薄的免費小冊子《加爾各答的德蕾莎修女》（*Mother Teresa of Calcutta*），這樣描述修女會的由來：「六個多月，德蕾莎修女一直聽到耶穌對她說話。他告訴她：『小姐妹——來吧，來吧，把我帶到窮人中間。來吧，做我的光。我不可能獨行——他們不知道我——所以他們不想要我。』有一次，她得了一個異象：她看到很多窮人和兒童向她呼喚：『來吧，來吧，來救我們——把我們帶到耶穌那裡。』……」

這段文字宗教色彩濃烈，但是，通過幫助窮人中的窮人，把他們帶到耶穌那裡，該是仁愛傳教修女會的最大宗旨。一九五三年，肩負這一使命的修女愈來愈多，「多番尋找和多番祈禱，德蕾莎修女找到一幢較大的房子」，也就是現在的仁愛會總部。從那以後，「成千上萬的女孩子曾在這裡居住，祈禱，受訓成為修女」，然後奔赴修女會在世界各地的七百五十多個分會（缺少宗教自由的紅色中國至今沒有分會），幫助窮人中的窮人。

幫助窮人中的窮人，這一目標令人起敬。用來服務宗教，目標變成手段，則與冥頑偽善同義？一個多月前，我終於讀了前面提及的希金斯那本小書，並非我對德蕾莎修女早有成見，而是想用他人的獨立思考與判斷，讓自己多一個參照。但我發現，儘管雄辯，希金斯卻多驚人之句：「無助的嬰兒、被遺棄的窮人、麻瘋病人和晚期病患成了用來展示憐憫的原料。」「德蕾莎修女從不掩飾，她的工作只是原教旨主義的宗教運動。」「關鍵並不在於誠實地減輕苦痛，而是宣揚一種以死亡、受苦和服從為基礎的崇拜。」

不過，希金斯提到的以下事實，的確也讓我這個不信上帝的「異端」五味雜陳：德蕾莎修女的收入足以在加爾各答開設幾家頂級診所（當然闕如），而她晚年也曾入住收費昂貴的西方醫院。以下這個例子，也許最為諷刺：德蕾莎修女公開講到一個晚期癌症患者的苦痛。帶著微笑，面對鏡頭，並未察覺其中反諷，修女講她怎樣安慰病人：「你正像十字架上的耶穌一樣受苦。所以耶穌肯定正在吻你。」然而這個病人答道：「那請告訴祂，不要吻我了。」

仁愛會總部只有德蕾莎修女墓和樓上臥室開放。修女墓在一樓室內，白色大理石棺頂端的花盆，擺了一束花心泛黃的白菊，方形墓銘刻著生卒年月，還有一段大寫經文：LOVE ONE ANOTHER AS I HAVE LOVED YOU。另一行文字：YOU DID IT TO ME（這是耶穌的話：你為我的窮苦弟兄做的，也是為我做的），還有下方一隻攤開的左手（手心向上），則用新鮮的金盞菊花瓣堆砌。隔壁小展廳，陳列修女遺物、穿過的拖鞋衣服、用過的文具餐具、聖經、書信、諾貝爾和平獎獎狀、晚年坐過的輪椅、訃聞剪報……

坦白說來，看過德里的甘地故居和尼赫魯故居，這類陳列雖然生動，但也並無多少特別。儘管德蕾莎修女生前擔心，幫助窮人中的窮人，有可能讓修女會變成單純社工，因為

「我們的工作只是表達我們對基督的愛……窮人中的窮人，當然就是表達我們對上帝的愛之手段」，但我並不懷疑她的宗教激情，透過愛窮人來愛上帝。貞潔、貧窮和服從是修女會三大誓言。二樓簡樸臥室，修女住了大半生，在此過世，卻讓人有些感動，尤其門口那段文字說明：這個房間下面就是廚房，所以較熱，但是修女從來不用風扇。你可以質疑修女會幫助窮人中的窮人之終極目的和客觀效果，但你很難過分挑剔一個「聖人」，哪怕她不「完美」，曾經接受獨裁者捐款，晚年到西方最好的醫院看病。

我到兒童之家已近正午。除了我和一對中年印度夫婦，沒有訪客。一樓的嬰兒室正要午休，門口修女指著二樓。上樓前，我對著門廳牆上一幅油畫端詳片刻：裹著藍邊白頭巾的德蕾莎修女，雙手捧著一個金髮嬰兒。油畫下方的木牌貼了一張紙，這是修女告誡世人的警句：「我認為當今對和平最有損害的就是墮胎，因為這是向兒童宣戰，是在直接戕害無辜和沒有防備的生命。」然而，當你想到全球十多億人每天的生活開銷不足兩美元，大多數印度人依然貧窮，將近一半印度兒童營養不良，一半以上印度家庭沒有廁所（農村比例更高），愛滋病和各類疾病肆虐，德蕾莎修女（包括教廷）反墮胎的立場，幾乎等於瞎子摸象。

出乎意料，二樓寬敞明亮，十多台吊扇緩緩轉著，房間一股消毒水味。正是午餐時間。

兩、三個修女，還有十來個女性義工，年齡各異，來自不同國度，繫著圍裙，正給三十多個男孩女孩餵水餵飯。我在薩德街遇見的韓國女子也在那裡，端著飯碗，舉著勺子，哄著一個智障男孩。「他有十五歲了。」韓國女子告訴我。男孩不會講話，只是對我傻笑，緊緊拉著我的手。他很瘦小，看上去不足十歲。

我在房間轉來轉去，端詳排排圍欄鐵床，聽著男孩女孩咿咿唔唔，看著修女和義工忙前忙後。韓國女子轉到一個半身癱瘓的女孩那裡。女孩十八歲了，看上去也不到十歲。她坐在嬰兒椅上，腳趾塗著指甲油，脖子戴了一條鍍金項鍊。「你很漂亮。」我開玩笑。她伸出一隻小手，使勁拽著我的手，一邊吃飯、一邊傻笑。「這裡很少男人來，所以她特別高興。」韓國女子說。女孩繼續傻笑，盯著我看。我是今天最大的驚喜，給她的午餐帶來額外樂趣。

中午，我回到薩德街的街邊小攤，依然點了泡菜湯麵。海軍陸戰隊員攥著一個塑膠水樽，裡面裝了三分之一威士忌（除了為數不多的酒吧，印度的公共場所不得飲酒，否則警察會找你麻煩），依舊半醉，捲著舌頭胡言亂語。孟加拉老闆跟我八卦，美國佬有一半印度血統，每年都來印度，每天都坐這裡喝酒胡扯。

一個將近三十的白人女子坐到我的身旁。「你在找什麼？」她問，見我對著地圖查找在仁愛會總部拍的幾個濟貧院地址。我們聊了起來。她是威尼斯人，在學農業和生態學，第一次離開歐洲，第一次遠行，剛來印度一個星期，要待兩個月。但她不喜歡這裡，太髒了，太亂了，她想看美景。威尼斯女人也在修女會做義工，下午要去另一家殘疾兒童院。我們於是結伴同行。

一個二十多歲的尼泊爾人，個頭很高，皮膚五官就像黑人，也跟我們一起。印度有很多尼泊爾人，他們來印度不用簽證。很不客氣，我問尼泊爾黑人在加爾各答做什麼。不做什麼，就在薩德街瞎混（清晨，我見他睡在街邊的節慶舞台上）。威尼斯女人呵呵笑著，知道我故意像印度人一樣盤問。黑人看來喜歡這個白人女子，老是拍她肩膀，順帶摟摟腰身。我們要去的殘疾兒童院名叫 Daya Dan（殘障之家），遠在城北，要坐好幾站地鐵。出了地鐵站，黑人自告奮勇帶路，問來問去，也沒問到具體位置。「我信不過他。」威尼斯女人悄悄告訴我，有點惱火，她想回去了。等我問清方向，自認半個東道主的黑人很不高興，攤開兩手，嗓門抬高：「你們認得路，那我就跟你們走吧。」不出五分鐘，我們來到殘障之家門口，黑人不再出聲。

跟我上午去過的兩個地方不同，殘障之家大門緊閉。敲開鐵柵門，威尼斯女人亮出義工證，我和黑人跟著進去。一樓昏暗，壓抑，沒有陽光，只有燈光，也是一股消毒水味。

燈光反射的水泥地上，坐了將近二十個男孩、女孩：半癱、失明、智障……這裡不僅沒訪客，也沒義工。管事的修女告訴威尼斯女人，把她派來的人弄錯了，她在這裡無事可做。我們坐到地上，有些沮喪。一個智障男童爬過來，牽著我的手，把我領到上了鎖的修女辦公室門外；他似乎覺得，那裡才是我要去的地方。我指著一旁壁報的德蕾莎修女像，男童馬上雙手合十。另一個智障男童，坐在嬰兒椅上，慢慢挪到我站的地方，拽著我的手。他用力過猛，嬰兒椅側翻地上。一個十來歲的男孩，大概身心最為健全，把嬰兒椅使勁往後推。一半身子躺在地上，智障男童晃著腦袋，麻瘋病人一樣蜷著雙手。

我很快明白，這些孩子坐在地上，是在等著下午三點過的祈禱。燈突然滅了，正前方牆上，基督懸在十字架上，周圍的彩燈閃個不停。幾個修女也來坐在地上。那個身心最為健全的十來歲男孩，開始用孟加拉語背著禱文，大家跟著念誦。他們念得不太清晰，因為多數孩子連話也未必講得清楚。坐在嬰兒椅上的智障男童還是半躺地上，他也跟著祈禱，兩手亂抓，腦袋扭著，像是在跟魔鬼纏鬥。大約一刻鐘後，燈亮了。我們回到人間。儘管屋內依舊昏暗壓抑，儘管懸在十字架上的基督血腥得有些恐怖，比起那些睡在人行道上的孩子，比起昨天早晨拉著小妹妹走到我面前的小男孩（他說他們是孤兒，他和妹妹太餓了，他不要錢，只想要點吃的），這些孩子至少有個安身之地。

走出殘障之家，我們原路返回。威尼斯女人再過兩天就要離開加爾各答。我向她推薦了靠海的果阿和喜馬拉雅山麓的尼泊爾湖濱小城博卡拉，那裡遊客很多，但是相對「光滑」，沒有加爾各答的污穢、貧窮與諸多不快。尼泊爾黑人的老家就在博卡拉，他起勁講著博卡拉的美景。地鐵擁擠。黑人站在威尼斯女人身後，挨得很近。站我對面的一個孟加拉中年婦女不知怎麼留意到，轉頭對著丈夫耳語，滿臉厭惡。就像我在印度南部的特里奇（Trichy，蒂魯吉拉帕利簡稱）跟三個塔米爾（Tamil）女大學生走在一起惹來滿街異樣眼光，保守的印度人不喜歡看到不同種族的男女靠得太近。

三

「一九五〇年代，成千上萬的人住在和死在加爾各答的街上。修女們常常發現傷口長滿蛆蟲或者身體被老鼠啃食的窮人，孤單死去，無人照料。德蕾莎修女想有一所房子，讓這些病人和瀕死者住進來，照顧他們，這樣他們可以死得有尊嚴，並有上帝相伴。加爾各答市政當局把喀利寺院一處香客宿舍交給她。一九五二年八月二十二日，德蕾莎修女在喀利路（Kalighat）開辦第一家專門收容瀕死者的濟貧院，名叫 Nirmal Hriday（垂死之家），意為『聖心』。」（摘自修女會的免費小冊子《加爾各答的德蕾莎修女》。）

一年一度的杜爾加女神節即將結束，喀利寺院一帶都是香客和攤販，跟加爾各答其他小街一樣嘈雜，一樣中世紀。垂死之家是幢兩層樓的蒙兀兒式建築，門口地上坐了幾個窮困老者。上午將近十一點，我推開大門，印度門房點頭讓我進去，不得拍照。三個二十來歲的東方女子走過大廳。我用英語說明來意，幾番搭話，原來她們是中國人，基督徒，大學剛畢業，趁著「十一」假期，專門從南京飛到這裡做幾天義工，因為她們讀了德蕾莎修女的傳記。

三個中國女孩不知道修女會除了接收義工，也讓訪客探訪濟貧院。她們很猶豫，不知道該不該讓我「參觀」，連忙找來一個六十多歲的東方男子。他戴眼鏡，繫圍裙，就像管事的人，中國話有點生硬，帶著南洋腔調，連連朝我擺手：「這裡不是觀光的地方，不讓參觀的。」他顯然把我當成無聊的觀光客。我有點惱火，解釋昨天去過修女會另外兩家濟貧院。一個三十來歲的印度男子正好走過，他是這裡的職員，告訴我可以到處看看。「我們馬上要給他們餵飯了。樓上有咖啡點心，義工正在上面休息，你也跟我們一起坐坐吧。」

十來個東方人和西方人圍著一張長桌邊吃邊聊。我繼續跟三個中國女孩說話。我在加爾各答只剩三天，我還想看看泰戈爾故居和別的地方，為了做一天或半天義工，再去市區另一端的仁愛會總部登記（不是每天都可登記），時間太緊。我問她們可不可以魚目混珠，跟著大家忙碌。剛才把我拒之門外的東方男子，是個菲律賓華人。一聽我的打算，菲國華人一本正經：「這當然不行。你必須登記。」我翻開旅行指南地圖，跟他解釋原由。他不高興了：「你信我還是信書？」然後，他告訴我不僅要去登記，我還得凌晨五、六點鐘就到仁愛會總部，跟著他們參加那裡的彌撒（據我所知，沒人規定做義工必須先望彌撒）。「這是給你的挑戰。誠其心正其意。」我說若非誠心正意，我不會來這裡，但我不是教徒，沒有興趣參加彌撒。其他人都不出聲。三個中國女孩一臉尷尬。

坐在菲國華人身旁的中東男子打破僵局：「你不用那麼早就去。」他是埃及人，三十來歲，在四川成都住過兩年。「我想念成都，還有火鍋。」他用中國話告訴我。開工了。大家紛紛起身。我和埃及人邊走邊聊。他也是基督徒，他說，但他不會隨時跟人說教。埃及人問起我的職業。寫作？做過文學翻譯？出過幾本書？他很感興趣，因為他也很想寫作。「你在中國肯定遇到審查。」我說中國的文字審查無處不在，包括自我審查，我對現行制度不抱希望。

「那你信奉什麼？資本主義？共產主義？」埃及人問。

「我不喜歡資本主義，不論中國特色還是西方特色，也不喜歡共產主義。我喜歡社會主義，真正的社會主義。」

「就像德國或北歐？」埃及人說。

我和埃及人來到樓下時，各國義工和修女已經在給病人餵飯了。大約一百個老弱病殘，分別躺在或坐在男女宿舍的床上、椅子上和輪椅上，吃著免費午餐。我走到小禮堂一般的女病房，看著頭髮剃短的老婦艱難進食。幾列靠得很密的鐵床，一直延伸到房間盡頭，頭頂兩排吊扇；如同我昨天去過的另外兩處，房內一股消毒水味。

我還記得希金斯在他的書中引用一位美國義工的話：「我的第一印象，讓我想起我看過的貝爾森集中營一類照片和電影片段，因為所有病人頭髮剃光。沒有椅子，只有這些擔架床。它們就像一戰時的擔架床。沒花園，甚至沒院子……」這位美國義工也提到晚期病患缺少適當的止痛藥，沒人覺得一個亟需動手術的十來歲男孩應該送進醫院（因為，儘管他還年輕，若是送他進醫院，其他病危病人都得這麼處理）。然而這是印度，很多人依然住在加爾各答的街上；你要是見識過印度的汽車站、火車站，這些公共設施也未必好過濟貧院多少。若以先進國家標準，這當然遠遠落後，修女會的管理的確也需要改進。但是，就像「孤獨星球」（Lonely Planet）的印度指南所說：修女會「從未專注於拯救生命，只不過給瀕死者提供一點關愛和尊嚴。在德蕾莎修女之前，對於真正的窮人，這些甚至都是鮮為人知的奢侈」。

我走到女病房盡頭，一個老婦側身躺在床上吊著點滴，修女和義工在給她敷藥。靠牆坐了兩個老婦，大概還能自理，端著盤子慢慢吃著。其中一個老婦突然向我比著手勢，她想要一杯水。我走到房間另一端，給她端來一杯涼水。

「我父親死在養老院。」來到男病人吃飯的中廳，我突然告訴埃及人，有點多餘，像要證明我來這裡誠心正意。（現在，細想這一幕，我的話實則透出內心深處的恐懼。我還記得父親死前的樣子，裹著棉被躺在床上。郊區養老院房間陳舊，只有一盞昏黃電燈，比這裡好不了多少。那是冬天，他死得既少關愛也乏尊嚴，因為我沒錢送他進醫院，因為他斷氣那陣我已坐上回城汽車。但是，就像垂死之家的住客，我的父親又比露宿街頭的窮人幸運。我不知道自己將來有沒有這樣的幸運，也不知道瀕死之際我能否修煉得道，更不知道自己能否像這些窮人中的窮人，得到一點關愛和尊嚴。）

免費午餐陸續吃完。義工扶著、推著病人回到病房。剩下的人開始灑掃，或是走到中廳的水槽邊洗碗。我不再猶豫，也不多問，而是加入洗碗的流水線。一洗、二清、三晾乾，把洗好的杯盤叉勺放進水槽上方的鐵架或者攤開。沒有手套，也沒消毒櫃，大家赤裸雙手忙碌。不論對病人，還是對義工，這樣洗碗並不衛生。一個胖乎乎的中年修女走過來，笑著告訴我們，忙完這些大家可以走了，下午也不用再來。「你們下午想做什麼？」修女問。有的想去逛街，有的想去博物館。我走進男病房，幾十個病人或躺或坐，一張鐵床前一攤嘔吐物，菲國華人手拿拖把正在打掃。我們彼此點頭。他是教徒，我不是教徒，但在這些窮人中的窮人面前，是否信教並不重要，至少在我看來。

正午過後，我站在喀利寺院所在的大街旁等車，打算回到薩德街的街邊小吃攤，仍然點一份泡菜湯麵。那個四眼美國佬，一半印度血統，做過海軍陸戰隊員，應該拎著酒瓶坐在那裡胡扯了。雖然已成廢人，拿著富裕社會的津貼，靠著一本美國護照來去自由，他足以讓第三世界的窮人羨慕，但是他比窮人中的窮人還要可悲。一輛老舊的大使牌（Ambassador）黃色計程車從我面前駛過，三個中國女孩坐在車內向我揮手。再過三天，她們跟我同一班飛機飛回中國，回到那個物欲橫流、鐵屋一般的國度。

二〇一四年十月寫於成都

清潔印度

儘管我的政治立場漸趨中左（跟中國的左派、右派沒有聯繫），但在印度，在公眾場合，我像所有印度人一樣，變成一個不折不扣的右派：待人接物用右手；吃東西，尤其無需餐具的場合，我也用右手。左手，在印度人眼中，是用來清潔身體穢物的，或如奈波爾所寫，性交的時候才派得上大用場。

不論是否去過印度，幾乎所有人都知道印度很髒，喝水更得注意。但是去了印度你才知道，印度人喝水（茶和咖啡除外），比外國人還要講究。並非印度人都捨得去買瓶裝水（一瓶水通常二十盧比，一小杯奶茶只要五盧比），而是他們喝水的方式：不論男女，都是半仰脖子，把水臨空倒進嘴裡，嘴唇不會觸到瓶口或杯口，因為後者不潔。這需要技巧，我一直沒學會，總是把水灑到身上。

「Whatever you can rightly say about India, the opposite is also true.（不管你講印度講得

多麼正確，反面也很眞實。）」印裔美國經濟學家沈恩（Amartya Sen）在其書中論及印度文化，引用了他的老師喬安．羅賓遜（Joan Robinson）這番忠告。肉體和精神的潔淨，害怕「污染」，源於宗教和種姓制度，但它並未推己及人，並未延伸至公共空間，很像中國人的各家自掃門前雪。「印度人到處大便。他們多半在鐵路邊大便。但是他們也在沙灘大便；他們在山上大便；他們在河畔大便；他們在街上大便；他們從不遮掩。」奈波爾寫於上個世紀六〇年代的這段話，戲仿邱吉爾號召民眾抵抗納粹德軍的演講，放在二十一世紀正在「崛起」的印度，仍未過時。

從果阿坐火車，翌日途經拉加斯坦，原野蔥綠，夕陽鍍金，印度鄉村古遠得讓人出神。但是車窗外，不時掠過蹲在草地或田間的村民，他們正在出恭。清奈（馬德拉斯）的馬利納（Marina）海灘，靠近馬德拉斯大學，成列男子對著沙灘一堵圍牆小便，雖然附近就有一個市政公廁。龐大嘈雜的新德里火車站，月台間的鐵軌，不時見到列車排放的攤攤屎尿。釋迦牟尼涅槃的佛教聖地拘尸那揭羅（Kushinagar），一個裹著 dhoti（兜襠布）的中年男子就像小姑娘，蹲在公路邊的大樹下屙尿。凌晨五點過，我從西藏流亡政府所在的達蘭薩拉坐長途汽車再回德里，喀什米爾門外的人行道上，睡著成列無家可歸的窮人，相對清涼的空氣一股濃烈的尿騷味，像在提醒我：你回德里了。

雖然早有所聞，我沒去孟買圍觀印度富翁穆克什・安巴尼（Mukesh Ambani）的豪宅，作家阿蘭達蒂・洛伊（Arundhati Roy）在她的《資本主義》（*Capitalism*）一書中引用的那些資料令人噁心：二十七層樓、三個直升機坪、九台電梯、空中花園、舞廳、溫室、健身房、六層停車場、六百個僕人。洛伊小姐引用的財富亞洲的資料也讓人噁心：印度一百個大富翁的資產總額，相當於該國GDP的四分之一（這還是四年前的統計）。以下資料，來自近兩個月的《印度時報》（*The Times of India*）和《今日印度》週刊（*India Today*），可能更讓人噁心：大約六億印度人，亦即該國總人口的百分之四十八，都在露天排泄；百分之五十三的印度家庭沒有廁所（農村則為百分之六十九）。全國百分之七十八的污水未經處理，直接流進江河。即以聖城瓦拉納西為例，每天就有三億升污水流入恆河。

大約一半的印度人缺乏基本的衛生設施和起碼的尊嚴，不單因為貧窮（孟加拉比印度更窮，但是只有百分之三的國民露天排泄）。今年八月，國際組織「人權觀察」（Human Rights Watch）發表了一份長達九十六頁的報告《清潔人糞》（*Cleaning Human Waste*），講到印度不少城鄉，至今延續官方明令禁止的傳統作法，強迫「不可接觸」的賤民（多為女性）清潔家庭旱廁和露天排泄物。花了兩天時間，我讀完這份幾乎每頁都有「淘糞者」（manual scavenger）一詞的報告。淘糞者不僅備受歧視，收入微薄（甚至沒工資，僅靠各類施捨生存），很難另謀生計（哪怕有的人受過高等教育），長年累月，他們（她們）的健康也受危害。渴望擺脫這一苦境的淘糞者，往往受到其他居民或村鎮當局的恐嚇。

就算有賤民淘糞，印度不少農村家庭也不肯修建廁所，因為廁所「污染」，他們寧願露天排泄。奈波爾當年寫道，一位自稱詩人的穆斯林青年告訴他，印度人是很有詩意的民族，沒有什麼比黎明時分蹲在河邊（拉屎）更有詩意了。荒誕？可笑？兩位西方經濟學者最近在《今日印度》撰文：「為什麼印度農村有這麼多人在露天大便，因為他們喜歡這樣。我們交談過的農村男女覺得，露天大便有很多好處：早起、勤勞、有體力、可以呼吸有益健康的新鮮空氣」。事實並非如此。露天排泄污染水源和食物，容易引發腹瀉和腦炎等疾病。露天排泄，也讓北方邦兩名農村女孩今年五月慘遭輪姦，並被施暴者吊死在一棵樹上。前幾天，《紐約時報》報導了聯合國兒童基金會在新德里舉辦的一個研討會：露天排泄，更是印度將近半數兒童發育不良的一大禍根。

我第一次到德里時，正好趕上八月十五日的印度獨立日。今年當選的穆迪總理登上紅堡演講，報紙電視都是他的豪言壯語，讓我想起虛假浮誇的「中國夢」。無論國內還是國際，穆迪都是一個有爭議的人物，因為他的印度教民族主義，因為他主政古吉拉特邦時，兩千多名穆斯林慘遭印度教暴民殺戮，因為穆迪就像印度作家潘卡吉·米什拉（Pankaj

Mishra）所寫，竭力鼓吹「中國特色的資本主義」。除了振興經濟民族復興這類主題，穆迪也許下另一諾言：十月二日是甘地誕辰，從這天開始，「清潔印度」運動拉開序幕，到了二〇一九年，亦即甘地一百五十歲冥誕，印度政府要讓所有國民擁有基本的衛生設施，換句話說，接下來五年，政府每天要給國民修建六萬多個並非旱廁的家庭廁所。

儘管工程龐大，穆迪的這一「五年計畫」，還是遠比改變國民衛生觀念和改善其他基礎設施簡單，更比讓大多數掙扎求生的窮人享受「改革開放」的成果容易。從甘地親手清潔糞便直到今天，半個多世紀過去，印度的城鄉，依然到處垃圾和隨地排泄的國民。在印度兩個月，親身領教政府和國企的官僚作風和公開敲詐，我很懷疑這一工程能有多大效果。另一方面，修建廁所也並非穆迪首創。依照《今日印度》的資料，一九九九年，印度政府資助修建的九千多萬廁所，兩千多萬至今下落不明，一千多萬不再使用。這一資料很印度，但是也很中國，也很第三世界。

我沒留在德里圍觀「清潔印度」運動，而是去了西孟加拉邦。十月二日那天，加爾各答忙著盛大的宗教節慶杜爾加女神節，繼續製造垃圾。然而電視新聞都是遠在德里的政客和官僚對著鏡頭揮舞掃帚，我也看到我在德里每天都要路過的新德里火車站，一眾職員捏著抹布擦拭垃圾箱，或是手握水管沖洗月台間的骯髒鐵軌。即將飛離印度，我不知道這一中國式「學雷鋒」是否持久，是否惠及印度列車。因為印度列車，尤其大多數人選擇的普通臥鋪或硬座，根本沒有垃圾桶。坐上一天一夜火車，不分種族人等，不論用潔淨右手還是用不潔左手抓食，你製造的所有垃圾，只得隨手扔出車窗。大地是印度人的排泄場，也是印度人的垃圾場。

儘管我是局外人，儘管不想讓自己過分cynical（憤世嫉俗），等我離開印度，十一月六日的《印度時報》一則報導仍然讓我失笑：為讓記者拍照，執政的印度人民黨（BJP）德里黨魁清掃的那堆垃圾，原來是幾個熱心部下用手推車事先倒在街邊。

「不管你講印度講得多麼正確，反面也很真實。」

二〇一四年十一月

洛迪花園的情侶

去印度前一個多月，我上 Facebook，跟遠在烏克蘭的奧爾嘉開玩笑：「我去印度，起碼不用擔心被人強姦。」「誰知道呢？」奧爾嘉回覆，我似乎看到她的嘴角一縷壞笑，我們常常這樣彼此調侃。前年離開中國，不到三十的奧爾嘉愛上一個瑞典人，很快就要結婚，遠走高飛，離開那個暫時看不到什麼希望的烏克蘭，用她的話說，跟伴侶在北歐某處建立「基地」，換本暢通無阻的瑞典護照，繼續旅行。提到印度，在那裡住過一年的奧爾嘉說：「印度一定會讓你驚奇。」

阿布杜（Abdull）二十來歲，在清奈（馬德拉斯）機場的 Indigo 航空公司上班，做地勤。但他沒有奧爾嘉幸運，可能一輩子都得留在印度，因為阿布杜是養家糊口的長子，還有一個弟弟、一個妹妹，前者在讀工程學院，後者在念中學。去年七月某天，阿布杜上完夜班離開機場，走到陳舊候機室對面更陳舊的郊區火車站，去坐還要陳舊的火車進城，回家睡覺。在熱烘烘、髒兮兮的月台，阿布杜遇到我這個剛從吉隆坡飛到清奈的中國佬。聽我問路，他很熱情，讓我跟他一起坐車進城，我們同一方向。

我跟阿布杜一邊等車、一邊聊天。就像我在書中讀到的印度人，他很快切入「正題」，直截了當：「聽說你們中國實行一胎制。夫妻有了一個小孩，是不是就不再性交？」我告訴他中國的一胎制現有鬆動，有了小孩，夫妻還會性交。「那還會有小孩嗎？」「不一定，他們要嘛絕育，要嘛避孕。」阿布杜繼續追問：「那你有沒有小孩？」「我沒小孩。我離婚了。」「那你當初為什麼不要小孩？」「養小孩太貴了。」我說，本來就熱，因為他的「審問」，更是滿頭大汗。

根據《紐約時報》一篇報導引述官方資料，只有大約五分之一的印度年輕男女受過性教育。如同阿布杜認為夫妻有了小孩無需性交（他也許覺得，性交只為繁殖後代），孟買一位九十高齡的性學家給一份報紙寫專欄，每天收到讀者來信或電郵，其中不乏阿布杜式的提問：有的憂慮自己的陰莖長度；有的擔心男女同時手淫、想著性愛，女方會不會懷孕；有的害怕男性之間肛交是否也會讓男人受孕。與此同時，另一調查顯示，印度男女「失貞」的平均年齡為二十三歲，多數婚姻依然父母包辦，四分之三的城市男子希望自己的新娘是個處女。

還有強姦。二〇一二年的德里巴士輪姦案震動海內外，德里也浪得「強姦之都」的惡名，但這只是冰山一角。印度報刊雖然常有類似報導，但在一個談性依然色變的社會（孟買高齡性學家的報紙專欄常被保守人士抨擊，有的訂戶剪掉專欄不讓孩子讀到），在一個女人「名譽」高過一切的國度，不是所有受害者都會報案。強姦也不分國界。歐美女遊客、日本女遊客，不時成為色狼的犧牲品。在印度旅行，你會看到單身或結伴而行的東、西女子，穿著印度婦女寬鬆肥大的紗瓦卡米滋（salwar kameez），甚至裹著頭巾，小心翼翼，遮蓋每寸不該裸露的肌膚。只有來到討好外國遊客的海灘，身嬌肉貴的白人女子，才會換上比基尼，跟著一同旅行的白人護花使者，走下人煙稀少的沙灘。她們的肉體，不論胖瘦，比海浪還要讓人目眩，一旁的印度男子鼓起眼睛看得發呆。

在印度旅行，不論大城小鎮，你常常看到反性騷擾的標牌。從前的法國殖民地龐蒂切利（Pondicherry）就在清奈附近，海濱大道也掛了一幅：「Eveteasing is a crime against women. Offenders can be put in jail for up to 1 year.」（性騷擾是對女性犯罪。觸犯者可入獄一年。）這類標牌究竟有多大阻遏效果，我不是隨時擔心性騷擾的女性，無從說起。前些年，印度作家潘卡吉·米什拉寫過一本國內遊記《盧迪亞納的黃油雞》（*Butter Chicken in Ludhiana*），講他在印度小城的遊歷。在聖城瓦拉納西，潘卡吉遇到兩個長居此地的白人女子，她們告訴作家，性騷擾無日不有，而且愈演愈烈：「每走十米，我們都會聽到這類話：哈囉，性感寶貝，想做愛嗎？哈囉，性感寶貝，想做愛嗎？」三十來歲的蘇珊（Susan）是個熱愛印度的獨立學者，把聖城街道喻為雷區：「現在，要是有人只在僻靜小巷露體，要你吸他雞巴，那你算幸運。我一人坐在碼頭時，男人會過來聊天，然後我還不知道，他們就告訴我，他們在性方面很苦惱，我可不可以幫他們減輕苦惱。實在難以置信。」

保守習俗（尤其鄉村），還有由來已久的歧視女性，非但不能減少性騷擾和強姦，也讓癡男怨女壓抑。印度的地鐵、火車和汽車，都有女士車廂或專座，不單照顧女性，也要堅守男女大防。小城難見穿牛仔褲的女子，大城如德里，火車站外，天橋上下，骯髒地攤卻擺著色情和準色情的劣質書刊和盜版光碟。印度沒有國際水準的色情出版業，寶萊塢的「性感」歌舞，更像想入非非的性愛前戲。在加爾各答，已故德蕾莎修女開設的收容瀕死者濟貧院附近，卻有一片神女出沒的紅燈區，性工作者足有上千，然而不像花街，更像貧民窟。半島電視台的電子雜誌 *AlJAZEERA* 去年九月號登了一篇攝影報導，講述那裡的淒涼故事，也讓我想起，從濟貧院出來那天，坐在露天的中年神女朝我曖昧微笑，讓我更覺壓抑。

我的朋友奧爾嘉那句調侃沒有成真。身為男性，我在印度的確不用擔心被人強姦

（只需謹防受騙上當），頂多遇到加爾各答一位穆斯林人力車夫跟我拉皮條，問我想不想 jikijiki。瓦拉納西一個年輕的三輪摩托車司機教我明白 jikijiki 什麼意思，也教我用印地語高聲說著 sister fucker（操你姐姐的）。也許，印度普通男子的「性教育」就是這類東西。但在新德里，我卻偶遇一次難忘的「性教育」。那是點綴蒙兀兒王朝諸多廢墟的洛迪（Lodi）花園，比起擁擠混亂的舊德里，這裡安靜，花木茂盛。我坐在一處斜坡草地暫歇，突然看到對過十來米，一對二十來歲的印度男女靠著樹椿擁抱親吻。身穿藍色紗瓦卡米滋的女孩很忘情，男孩也很大膽，隔著衣服上下摸索。我不好意思多看，轉頭對著前方草地。在我身後，四個年輕印度人走來。他們沒有不好意思，席地而坐，點燃土產香菸 beedi，目不轉睛盯著親熱男女，讓我再度感到壓抑。

二〇一五年二月

你買不了幸福，但你可以買書

要是早來一年零三個月，我肯定會到這裡，樂此不疲，流連它的三十個房間，全是書、古董、藝術品、工藝品、照片和信件。那些書，據說不少珍本、絕版和簽名本，那些照片和信件也很稀有，都是印度老闆拉曼南（Ramanand）三十年的收集，源自甘地、克里希那穆提、達賴喇嘛、吉卜林、卡繆、斯文・赫定、榮鶴鵬（F. E. Younghusband）等古今名人。書店後院，還有一個 Feed 'n Read（又吃又讀）花園餐廳，一位曾居加德滿都的異國朋友讚不絕口。在旅行社、購物商店和餐廳雲集的塔美爾區（Thamel），噪音、廢氣、東西遊客和中國親們混雜，這是一片綠洲，也是加德滿都一大驕傲。

但我來晚了，只看到瓦楞鐵皮的圍牆掛了一個牌子，告訴全世界的愛書人，這家 Pilgrims Book House（朝聖者書屋），歷經三十年，已是亞洲乃至全球書店一大標誌，不幸毀於二〇一三年五月十六日一場大火。書店前年出版的一期 Newsletter（通訊錄）詳述這一災難：書在燃燒，浸在消防水管噴灑的水中。大火燃了十八個小時，石雕破裂，鐵塑熔化，更不要說印在紙上的文字。三十年心血毀於一旦，老闆拉曼南卻在微笑，當然不是開心，而是如他所說：「這個世界真的一切都是無常，一切都會消逝。」聽聞此事，印度前總統卡拉姆（A. P. J. Abdul Kalam）有言：「你是我知道的唯一一個微笑的出版人，難怪你的書也會微笑。」

幸好，朝聖者書屋並未徹底消失。同一小街，距離已成廢墟的「旗艦店」兩分鐘路程，還有一家朝聖者分店，藍色店招下方懸了一溜五色經幡。不像「盛世」中國很講「逼格」（假裝很有格調）的小資書城，這家朝聖者分店，從門面到內裡，一點也不「高大上」。一樓書不多，應對塔美爾區的國際旅遊氛圍，各類工藝品和影音製品占了大半江山；我尤其留意店中售賣的雪山獅子旗和明信片上的達賴喇嘛。有趣的是，轉過街角，幾步之遙，就有一家名稱詭異猶如新華書店的「中國西藏書店」，該是「中國西藏」在加德滿都搶占的「宣傳陣地」，擺滿《北京週報》（*Beijing Review*）和天朝出版的各類英文圖書，然而門庭冷落。想到兩家書店的不同來歷（朝聖者老闆拉曼南只是一個獨立賣書人，十四歲就去印度聖城瓦拉納西一家書店做學徒，後來又在街邊擺攤售書），你不禁心懷惡意，慨歎一年前的火神怎麼不長眼睛。

我的歡喜來自朝聖者二樓。磨石子走廊和四、五個小房間擺滿書。書和房間都是半新半舊，不像書店，更像從前學人或作家的書房，讓我想起新德里看過的尼赫魯故居，亦如這裡四處皆書。狹窄走廊內，深褐木質書櫃和牆上的深褐木質畫框搭配，陳舊、老式、毫不氣派。我踱進每個房間，彷佛走進不同展室：心理學、哲學、文學、政治、社會、印度教、佛教、西藏、印度、尼泊爾、登山……

在加德滿都十來天，每有厭倦，我總是不由自主走進客棧附近這家朝聖者（附近小街，還有一家獨立書店 Vajra Books〔金剛杵書店〕，偏重印度教和藏傳佛教一類學術書，我也常去）。有天，我請坐在二樓梯口的中年職員幫我找書：維沙瓦帕尼．布隆菲爾德（Vishvapani Blomfield）的《佛陀傳》（*Gautama Buddha*）。他不查電腦，很快鑽進走廊盡頭一個小房間，給我遞來同一本書的精裝本和七成新的平裝版。「你買二手的吧。」他說，像在幫我精打細算。

雖然前幾年轉讀電子書，早已不怎麼買紙本，出門旅行更怕負重行囊，然而，就像歐威爾的短文〈書店記憶〉（Bookshop Memories）所寫，我現在偶爾還得買書，當然只買我想讀又沒電子版的英文書。前前後後，我在朝聖者買了三本這樣的書。除了《佛陀傳》，我也買了中國高僧法顯和孫雲的印度朝聖記英譯本（英譯者的註釋，讓我更容易對照佛教聖地的古今地名），還有英國作家卡崔歐娜·巴斯（Catriona Bass）的《人在西藏》（*Inside the Treasure House: A Time in Tibet*），講她上個世紀八〇年代闖進加德滿都中國使館死纏爛打、隨即跑去拉薩教書一年多的所見所聞，都是廉價印度版，紙張粗糙，略顯陳舊，乏人問津，像在等著我把它們帶走。

去年八月中旬，快回印度，想著要往瓦拉納西和加爾各答，我突然想讀已故印度電影導演雷伊的回憶錄（他在加爾各答生老病死）和美國作家凱瑟琳·梅奧（Katherine Mayo）上個世紀二〇年代的「反印」舊書《印度母親》（*Mother India*），後者，我正好在諾貝爾經濟學獎得主沈恩的一本書中讀到。我先去了金剛杵書店，沒有，中年職員把我介紹到遊客區外另一家偏重文學的獨立書店，矮胖的尼泊爾中年店員鑽進後院，足足找了十分鐘，面帶微笑跟我抱歉。走前一天，我又來到朝聖者。這天晚上，坐在二樓梯口的中年職員仔細檢索電腦：「先生，你最好去印度找這幾本書。」他在微笑，我在微笑，就像前面提到的印度前總統卡拉姆所說，一屋子的書似乎也在微笑：留點遺憾。最後一次走出朝聖者，我撞到一對中年的中國親們，兩人正在猶豫要不要進來。然後，男人徑直步向一樓的工藝品，女人則在門口觀望，很快端起掛在脖子上的高檔相機，也不「預警」，對著店堂和櫃台女職員拍了一張驚人的閃光照。

重返德里，最讓我親近的，還是商業區康諾特廣場（Connaught Place）數不勝數的露天書攤。回到中國不久，我讀印度大報《印度人報》（*The Hindu*）電子版，看到派駐英倫的某位印度記者一篇文章，他講倫敦書肆遠非印度能及。然而，對於我這個天朝窮遊者，能在德里地攤看到我喜歡的印度作家納拉揚（R. K. Narayan）諸多小說集，看到自由世界的《紐約客》和《經濟學人》一類雜誌，我已知足（我的唯一遺憾，乃是看不到去年被印度教極端主義者起訴、查禁的美國學者溫蒂．多尼格〔Wendy Doniger〕那本《印度人：另一段歷史》〔*The Hindus: An Alternative History*〕）。

康諾特廣場是由殖民時代的英國人規畫，都是歐式環形街區，最外一圈，則有一九三六年開張的 Amrit Book Co.，沒有二樓，卻如加德滿都的朝聖者分店那般簡樸。我翻著奈波爾、納拉揚、巴基斯坦作家莫欣．哈密（Mohsin Hamid）和印度新秀潘卡吉．米什拉的作品，彷彿見到熟人。看我翻得津津有味，書店職員上來搭話，可惜我只翻不買。我指著奈波爾的印度三部曲：「他對印度講了不少壞話。」職員哈哈一笑，略顯尷尬，但也心領神會。「他最近去了中國。」想到還在果阿，一個北京朋友電話裡跟我講到奈波爾與天朝作家座談，我告訴職員。「我譯過他的傳記。」不知怎麼，我脫口而出，不是虛榮，而是覺得，奈波爾去中國時，我總算如願以償，來到他的先輩所在的印度。

在德里最後一天，我第二次去了南郊的可汗市場（Khan Market）。這個低矮圍牆圈起來的低矮商業街，是德里精英和各國外交官的購物與吃喝天堂，你可買到德里舊城一片混亂的露天市集根本看不到的各類「高大上」舶來品。可汗市場好在還有書。幾家小書店，擺著英美和印度出版的最新英文書，報刊架上有《倫敦書評》和《紐約書評》：英語流利的印度精英，閱讀趣味顯然高過天朝新富。我又登上商業街窄巷內那道窄梯，那位面相斯文的中年女人裹著素色紗麗，依然坐在櫃台後面。我跟她提到加德滿都沒能找到的雷伊和《印度母親》。她起身，從書架抽出兩冊印度企鵝版的雷伊回憶錄。唯一不完美，是我還得去找「反印」著作《印度母親》的電子版。這家圓圈書店（Full Circle Bookstore），不僅是德里最好的獨立書店，用來裝書的牛皮紙袋我也喜歡，尤其那行有點煽情的英文：YOU CAN'T BUY HAPPINESS, BUT YOU CAN BUY BOOKS. AND THAT'S KIND OF THE SAME THING.（你買不了幸福，但你可以買書。兩者大致等同。）

二〇一五年二月二十五日

印度好人

下午四點過從北印小鎮哥拉浦（Gorakhpur）開出的火車，晚上十點過才到恆河邊的聖城瓦拉納西。一彎上弦月掛在霧濛濛的天上，濕熱讓人難受。走出亂烘烘的火車站，我直接來到站前的三輪摩托車售票亭。這是預付車資的載客服務，你只要告訴職員想去哪裡，按照距離付費，出示車票，三輪摩托車司機就會載你；到了目的地，你再把車票給他。沒有漫天要價的宰客，也不擔心中途被人轉賣。我要去的地方，是河濱舊城最南端的阿西碼頭（Assi Ghat）。這麼晚了，我不知道那裡的旅館是否還有空房。

坐上三輪摩托車，大約二十分鐘過去，道路愈來愈窄，路燈愈來愈暗，行人愈來愈少，我到了阿西碼頭。上弦月依然霧濛，十店九閉，遠處一群野狗吠得悽惶。司機二十來歲，一路不怎麼出聲。他把車停在黑黑的小路上，我要投宿的某家廉價客棧就在近旁。然後，像在應驗我的預感，司機終於開口：「這家旅館很貴，我帶你去另一家。」「不，我不要去另一家，我就住貴的。我不為所動，他固執己見。等我下車，把車票給他，這傢伙開始變招：「你沒給車錢。」「我給了，剛才給了。」我不睬他，一邊點菸：幸好我在寮國北部吃過類似的虧，沒有提前交出車票。「給我一支菸。」他隨即下令，不像請求，更像威脅。昏黑中，我不出聲，一臉輕蔑，給了他一支菸。

「給我一支菸。」在清奈（馬德拉斯）機場外，在清奈市區的伊格摩（Egmore）火車站對面，在佛陀圓寂的拘尸那揭羅路旁，都有陌生人跟我討一支菸：中年人、年輕人、靠牆而坐的老者。幸好，印度菸民遠沒天朝多。印度人多不吸菸，或許不單考慮健康，也有宗教禁忌（在瀕臨阿拉伯海的南印小鎮瓦爾卡拉〔Varkala〕，一位年輕的雜貨店主告訴我，他是穆斯林，賣菸卻不吸菸）。不少中下階層即有嗜好，大都只嚼檳榔和小包菸草，或抽粗糙價廉的本土香菸（beedi），因為貧窮（印度菸攤的香菸可以拆開論支賣）。只有在德里和加爾各答這些地方，你才看到商業區菸攤周圍吞雲吐霧的男女菸民，不過多半也買一支，站在一旁吸完走人。但在這類大城，你同樣也會遇到找你討菸的陌生人。更多時候，遠遠不只一支菸。「給我十盧比！」在德里我住的客棧外，背著書包、四肢瘦弱的小學生突然朝你吼著，彷彿這是老師布置的課外活動。

「每個印度人都是乞丐：就算不以此為業，只要機會一來，都不忌憚伸手。」

一九六一年，義大利電影導演帕索里尼去過印度這樣寫道。這一刻毒，換成今天肯定政治不正確。然而帕索里尼的話，幾十年後依然精準。在佛陀轉法輪的鹿野苑（Sarnath），一個蹲在草地拔草、裹著紗麗的中年女人跟我四目相對，彼此的微笑尚未消失，她一隻手攥著青草，另一隻手已經伸出（這一次，我沒一臉輕蔑，而是像印度人那樣晃晃腦袋，不置可否）。在瓦拉納西遠郊的曼杜阿帝（Manduadih）火車站外，我剛在一個簡陋菸攤買完菸，賣菸小子也伸出一隻手：「我是窮人。」「我也是窮人。」我沒好氣，不過講的也是真話。在拉加斯坦的齋蒲爾，粉紅城（Pink City）內一處「景點」外，兩個青年跟我兜售工藝品。見我死也不上鉤，他倆一邊討菸，一邊調侃像我這樣的獨行者：「真不明白你們這些人，總是一個人旅行，總是獨來獨往，為啥不跟一幫朋友一起……」

比起職業或非職業「乞丐」，防不勝防的「好人」更可怕。我讀過的英文版印度旅行指南，不論《孤獨星球》這類大部頭，還是長居印度的美國女子J．D．維哈里尼（J. D. Viharini，筆名）所著的《享受印度》（*Enjoying India: The Essential Handbook*），都會再三告誡外國獨行者，不管坐火車，還是在街頭，絕對不要接受「友好的」陌生人遞給你的飲料、食物或香菸，哪怕這些東西貌似剛剛開封，因為這是迷藥黨的招牌誘餌。剛到印度不久，在南印小城特里奇，酒店附近的街邊，一個六十來歲的老頭夜裡跟我搭話。他很熱情，也很糾纏：我去過哪些國家，我會幾種語言，我覺得印度怎樣。我胡亂應付，他則順著我的答案挖根刨柢，像是要用一個接一個的問題把我黏住。最後，就像瓦拉納西那位「給我一支菸」的三輪摩托車司機，老頭亮出底牌：「你抽過 beedi 沒？要不要跟我去那邊的酒吧試試？」

「你在印度沒安全感。都想騙你。」我在德里某家垃圾速食店遇到的一個年輕法國人說。危機到處都有。你是明處獵物，獵人遠遠就會嗅到你。九月中旬，我又來到德里。白日依舊火熱，黃昏卻已涼爽。夜裡，我坐在拉吉夫廣場（Rajiv Chowk）一處草坪，望著前方公園高懸旗杆上大得可笑的那面印度國旗。我的周圍零散坐著納涼歇息的印度男女，賣茶水零食和給人挖耳屎的小商小販竄來竄去。一個瘦瘦的中年印度人突然坐到我的身旁，仍是一見如故、讓你警惕的友好，仍是喋喋不休、挖根刨柢的盤問。這一次，我說自己是中國人。中國？這裡很多中國產品。他興致勃勃講起天朝經濟。大約十分鐘的「前戲」過去，「獵人」亮出底牌：「你喝啤酒不？」「謝謝，我不喝。」「你想喝的話，我去那邊買。」「我不喝，你喝。」「那你給我五十盧比買酒。」「公共場所不得飲酒，這是政府規定。」我笑著警告他，總算想到堂皇理由，不單為了節省五十盧比（不足一美元）。

我的戒心有時也會草木皆兵，但它起碼讓我一路平安。即使這樣，我的不良嗜好還是給我惹來麻煩。從瓦拉納西坐夜班火車回德里，我很早就來到遠郊的曼杜阿帝火車站候車，這個小站幾乎沒有外國人。想要抽一支菸，想著印度公共場所的禁菸遠比天朝嚴格，我特意走到火車站外的路邊。抽完菸，背起大小行囊，路燈已亮。剛剛走進車站外的昏暗空地，一個印度警察把我拽住：「這是非吸菸區，你要給罰金。」「對不起。」我連忙道歉，想著息事寧人、趕緊脫身，雖然知道他在敲詐，因為路旁並無相關標誌。「兩千盧比。」警察不依不饒，一直不讓我走。「那你給我收據。」我幾乎要投降了。「五百盧比。」他立刻改口，不再理直氣壯，彷彿五百盧比就是他的底線，就像瓦拉納西那位三輪摩托車司機的「給我一支菸」，或像德里草地上那位中年男子的「給我五十盧比買酒」。老天有眼。看來他真的沒有收據。我不再求饒，而是掙開他的一隻猶豫黑手，大步走回車站，一臉輕蔑。

二〇一五年三月二日

另一個西藏

Doubt is very important. Without skeptical attitude or doubt, there is no possibility to bring investigation. Without investigation, you cannot see the reality.

—His Holiness the Dalai Lama

懷疑很重要。沒有懷疑，就沒有可能調查。沒有調查，你就看不到真實。

——達賴喇嘛尊者

一

我在四川成都出生長大。成都是中國通往西藏的一大門戶，也是川藏公路的起點。但是，除了四川的阿壩和甘孜，我至今沒去過真正意義上的西藏。梅・戈爾斯坦（Melvyn C. Goldstein）那本精簡而又冷靜的《雪山獅子和龍》（*The Snow Lion and the Dragon*）告訴我，西藏分為政治西藏（Political Tibet）和人種誌西藏（Ethnographic Tibet）。[1]所以，我去過的四川藏區，只能算是人種誌西藏。

從小到大（直到我讀高中），我時常聽到周圍的中國人把西藏人叫作「藏蠻子」。蠻子，代表野蠻、落後、愚昧、迷信、未開化、骯髒、貧窮（雖然我們這些文明的中國人那時也窮，但是「藏蠻子」更窮）。我也跟著這麼叫。一九七〇年代，我讀小學，學校組織學生去西南民族學院，看了一個讓我終生難忘的展覽：頭蓋骨做成的酒杯或碗盞（我後來知道這是祭器），掛在牆上的人皮（我後來知道這也是用於祭祀），挖眼睛、剜膝蓋骨和抽腳筋的刑具（舊西藏確有酷刑，但我後來知道，中國的凌遲更是登峰造極）。這個展覽告訴你：舊西藏是一個野蠻黑暗的封建農奴社會，一小撮反動的奴隸主和僧侶騎在廣大農奴頭上作威作福，只有共產黨和毛主席能讓百萬農奴翻身解放，從農奴社會一躍邁上社會主義的康莊大道。

除了歧視，中國人對「藏蠻子」也有幾分懼怕。四川靠近西藏，省內又有藏區，成都時常可以看到西藏人。我身邊的大人常常嚇我，不要招惹「藏蠻子」，他們有刀，動不動就會割掉你的耳朵，把你的手砍斷。[2]走在街上，看到佩刀的「藏蠻子」（很多藏人大概來自康巴，那時還喜歡隨身別上一把裝飾精美的藏刀），我總是有點害怕。我也害怕跟他們靠得太近，惹上一身跳蚤（大人也說，除了出生那陣洗過一次，「藏蠻子」從不洗澡）。但在學校，逢年過節的文藝表演，總有幾個漢族女生化上濃妝，穿上豔麗的藏族服裝，甩著長袖，跳上一曲〈北京的金山上〉：

北京的金山上
光芒照四方
毛主席就是金色的太陽
多麼溫暖
多麼慈祥

1 戈爾斯坦引用了一九三〇和一九四〇年代英屬印度政府駐拉薩代表理查森（Hugh Richardson）的劃分：「在『政治』西藏，西藏政府的管制從早期延續到一九五一年。在這之外的北部和東部（藏語中的安多和康區）……則是『人種誌』的延伸，曾為藏族獨居，而且仍占多數。」

2 哈勒（Heinrich Harrer）的回憶錄《西藏七年》（*Seven Years in Tibet*）寫道，在舊西藏，小偷小摸要被公開鞭笞，攔路強盜則被砍手砍腳。

把我們農奴的心兒照亮
我們邁步走在社會主義幸福的大道上
哎，巴扎嘿

這個舞蹈，這首偽民歌，除了表示「民族大團結」和「翻身喜悅」，跟我在街上看到的「藏蠻子」毫無共同之處。

現在回想，當年的我，不僅從不懷疑我在學校（初中和高中）學到的虛假歷史（包括有關西藏的歷史），也從不覺得看低西藏人有何不妥。我的父親畢業於一九五〇年代的北京大學歷史系，是個半新半舊的知識分子。他後來教我的有些歷史名詞，譬如「五胡亂華」，還有常常強調的有些道德觀，譬如跟外國人打交道「要不卑不亢不失民族尊嚴」，我也從不細究。中國人扭曲的天朝心理，尤其近代以來，不論是對「西夷」還是周邊「蠻夷」，不單限於滿清王朝、國民政府和共產黨政權，它已融入無數普通人的血液，借助於耳濡目染和洗腦灌輸。這是另一形式的種族主義、殖民主義和帝國主義心態。它的傲慢來自無知。

關於西藏，我的覺醒來得很遲。一九八九年春夏之交，北京的示威蔓延到成都。我那時二十來歲，在省級國賓館工作。我的「單位」嚴禁員工參與和圍觀「動亂」，但是每天下班，我都從西郊踩單車，到市中心人民南路廣場，看著一隊隊學生、工人、機關幹部和市民絕食、遊行、呼口號或演講；我也登上毛澤東塑像下面的觀禮台，讀著貼得滿滿的大字報或小字報。我很興奮。一九八〇年代後期相對自由的報刊書籍，還有每天偷偷收聽的BBC和美國之音中文廣播，讓我對這個國家的真正歷史和現狀有了初步認識。就像廣場上不少人，我一開始也很樂觀，覺得共產黨政權就要崩潰，中國人終於看到自由的曙光。

我在廣場認識了一個三十來歲的波蘭裔美國人，他在成都中醫學院學習。我倆第二次見面，仍在人潮洶湧的廣場。我用蹩腳英語給他翻譯市民談話：中國需要民主自由，官倒（官員利用職權倒買倒賣的投機行爲）腐敗怎麼可惡……隨後，我倆站在四川新華書店樓前的人行道上，繼續望著嘉年華一般的示威人群。一個穿著絳紅僧袍的西藏僧人，大概五十多歲，也來站在我們身旁觀望。周圍都是襯衫、長褲和連衣裙，這個西藏僧人很孤獨、很另類。但是，出乎我的意料，我的美國朋友彷彿早有準備，從衣袋掏出一張摺成方形的光亮薄紙（顯然來自中國人很少見到的英文雜誌），把它遞給僧人。僧人打開薄紙，上面有一小幅十四世達賴喇嘛的照片。僧人把這張紙放進胸前衣袋，合掌向美國人道謝，轉身消失在人群之中。

早於六月四日北京的「反革命暴亂」，這一年的三月五日，拉薩也有要求獨立的「騷亂」。但是我和很多中國人一樣，並不特別關心，或者無動於衷。那位波蘭裔美國人的舉動（他用這一舉動來表示對西藏人的同情和支持），雖然讓我第一次看到藏人對達賴喇嘛的尊崇，然而西藏距我仍很遙遠。

過了兩年多，我第一次走出紅色中國，去了澳門工作。這個小小的葡萄牙殖民地，雖無民主，卻有資訊自由。在澳門前後五年，我如饑似渴地瀏覽在中國看不到的報刊書籍，第一次覺得自己在精神和文化層面活得像一個人。我終於知道了一九八九年中國發生的一切。幾乎每年的六月四日，我都去澳門市政廳前地，站在小眾的燭光晚會旁，默默紀念。後來，我買了一本台灣出的中文版達賴喇嘛自傳《流亡中的自在》[3]，第一次知道了一九五〇年代以來西藏發生的一切，第一次知道西藏不是一個野蠻黑暗的封建農奴社會（當然也不是田園牧歌式的香格里拉），也第一次明白，宣揚慈悲和非暴力抗爭的達賴喇嘛，為什麼可以獲得一九八九年的諾貝爾和平獎。

隨後十多年，多半限於書面，我對西藏的瞭解漸漸增多。儘管懷疑達賴喇嘛和西藏流亡政府一些宣稱，譬如中國統治西藏期間，大約一百二十萬藏人死於非命（這一資料也有西方學者質疑），中國在西藏實行「種族滅絕」和「文化滅絕」，但我並不懷疑西藏人在道義上的正確：一九五〇年中國侵略西藏之前，西藏實際上是一個獨立的國家，內政外交都由拉薩政府負責。中國對西藏文化、宗教和社會的野蠻破壞，中國在西藏惡劣的人權記錄，西藏人（包括流亡藏人）在一九五〇年以後的苦難，都是不容置疑的事實。

然而西藏仍很遙遠。從澳門回到中國，我發現西藏不僅是一個危險的話題，也是一個多數中國人沒有興趣討論的話題（除了談論西藏的自然和人文「奇觀」），不論文化人還是普通人。幾乎沒人覺得西藏自古以來就不屬於中國，幾乎沒人認真想過中國和西藏的關係，也幾乎沒人反思中國人對西藏人的諸多偏見，更沒有幾個人真正瞭解和同情西藏人的苦難。

諷刺的是，當中國在新世紀「和平崛起」，十多億中國人變成物質主義的「親們」，消費西藏卻漸漸時髦。在我今年初夏去過的甘孜藏區塔公鄉，相對富裕的中國遊客儼然主人，對著草原興高采烈，專程趕來的中國新人穿著西式禮服，靠著寺院的轉經筒，拍著「異域風情」的婚紗照。就像很多年前中國學校的漢族女生身穿藏族服裝跳起〈北京的金

3 必須說明，我現在對這本自傳有所保留，正如西藏歷史學者茨仁夏加（Tsering Shakya）的西藏現代史《龍在雪域》（*The Dragon in the Land of Snows*）所寫：「這些（自傳）不能視為準確的歷史敘述；它們是為了大眾閱讀和爭取對西藏事業的支持而寫。」

山上〉，這跟西藏毫無關係。

我至今尚未鼓足勇氣，前往本文開頭提到的政治西藏，因為身為中國人，我深感羞恥。我不想跟那些腰包鼓脹、手握狗仔隊相機的中國觀光客一樣，把西藏當成茶餘飯後的消遣，也不願像那些逃避現實的中國失意者，把西藏視為一個純淨無塵的香格里拉。因為我知道，從書上，從我在中國或其他國家遇到的外國旅行者口中，拉薩已經變成另一個中國城市，正如三次到過拉薩的印裔美國作家皮科．艾爾（Pico Iyer）在《大路》（*The Open Road*）一書中所寫：「二十一世紀伊始，當我第三次去到西藏，我甚至認不出我來過兩次的這個國家。在首都很多地方，你看不到布達拉宮，寬敞潔淨的大道穿過藍色玻璃的購物中心和閃閃發光的高樓大廈。小小的藏人區還在，很多灰撲撲的小巷和矮房，現在稱為『舊城』，彷彿它已成為一個紀念早已消失的本土族群諸多稀奇的歷史區域。」就像從前的中國早已不存，從前的西藏也在迅速消失。

於是，今年七月，從甘孜藏區的塔公鄉回來不久，我去了印度和尼泊爾，那裡不僅是西藏人信奉的佛教之發源地，也是十多萬西藏難民的臨時居所，更是達賴喇嘛和西藏流亡政府的所在。每年，不少西藏人冒著生命危險長途跋涉，翻雪山越國境，有的把孩子送到印度達蘭薩拉的西藏難民學校讀書，有的則想見到他們的精神領袖。不是所有西藏人都能如願以償。二〇〇六年九月三十日，幾個歐美登山者偶然拍下令人難忘的一幕：中國邊防軍人向遠方一列即將穿越國境的七十多名西藏人開槍，十七歲的尼姑格桑南措（Kelsang Namtso）中槍身亡。隨同其他同伴躲進卡車車廂三天三夜，然後徒步十來天，格桑南措距離自由幾步之遙，但她倒在雪地中。[4]

我想看看另一個西藏。

二

我到德里北郊的西藏難民村那天午後，正逢印度的獨立日假期。走出冷清的地鐵站，這裡跟市區明顯有別，街邊兜客的幾個三輪車夫沒有一個會講英語。硬著頭皮坐上一輛，車夫把我拉到一個貧民窟，大約五分鐘車程。一片低矮磚房密密麻麻，露天肉攤擺著剛剛屠宰和去毛的家禽，地上一攤血水，蒼蠅飛來飛去。巷內都是印度人，屋頂也是人，大人小孩在放風箏（翌日我從報上得知，獨立日放風箏，是德里市民一大習俗）。從巷口走到

4 相關始末，可上YouTube網站參看一部紀錄片《雪山上的謀殺》（*Tibet: Murder in the Snow*）。

巷尾，又從巷尾走到巷口，沒人聽得明白我想去的地方。我終於碰到一對老年的西藏夫婦。老太太會講英語，一聽我去「小拉薩」，帶我穿過另外兩條小巷，大街對面，又是一片低矮磚房。一座老舊的行人天橋橫跨大街，橋上掛滿風吹雨打已經褪色的經幡，幾面鮮豔的雪山獅子旗迎風飄揚。「對面就是西藏難民村。」西藏老太太說。

除了雪山獅子旗，除了幾乎每家商店、書店、客棧、網咖、咖啡館和餐館懸掛的達賴喇嘛像，除了玻璃櫥窗的 Free Tibet（解放西藏）和 Save Tibet（解救西藏）一類貼紙，除了看不到持槍的中國特警和叼著香菸的中國城管，除了一座小小的西藏寺廟，德里的「小拉薩」跟我在成都愛逛的「小拉薩」沒有太大不同。巷道很窄，磚房比對街的印度貧民窟好不了多少，然而相對整潔。身穿絳紅僧袍的西藏僧侶隨處可見。巷內牆上，貼著關於西藏的各類英文或藏文廣告：音樂會、靈修課、文化或政治講座。小路岔口的攤子，擺滿英文、藏文和簡體中文標題的盜版ＣＤ和ＤＶＤ（柬埔寨的生意人把紅色高棉當成賣點，西藏和達賴喇嘛也是「小拉薩」的賣點）。走進一家書店，翻著英文、藏文，甚至簡體中文的各類書籍，我想起成都的「小拉薩」幾家藏文書店。這裡當然沒有《四川黨建》的藏文版，沒有紅軍時代的朱德怎樣結交藏族頭人的藏文小冊子。自由，是這裡跟中國或「中國西藏」最大的不同。

我不想陷入另一極端，但我必須說，憑藉這幾年的粗淺感受，西藏人給我的總體印象遠遠好過中國人。西藏人更容易對陌生人微笑（哪怕出於禮貌），也更容易跟陌生人交談。我在甘孜藏區塔公鄉去過的藏餐館，除了西藏人和幾個外國人，沒有中國人進去，然而遠比鎮上幾家中餐館乾淨和實在，藏族女主人也很有禮貌。當我在草原迷路，一個中年的藏族牧民主動問我要去哪裡，並用摩托車順道把我載回鎮上，堅決不收我的錢。「可以不要錢的。」他用生硬的中國話告訴我。他的身上的確有股味道；他是牧民，難道你要他每天洗一次澡，然後噴上CK香水？有一年，我從成都坐夜班火車到雲南，半夜臨時停車，對面也停了一列火車。一個十來歲的西藏僧人隔著車窗向我招手。我掏出Kindle，給他看達賴喇嘛的大幅照片，他看明白了，合掌，微笑，揮手。在成都的「小拉薩」一家藏餐館，我跟三位僧人搭台（共桌，餐館只有我一個中國人），其中一個活佛，一個寺廟堪布（abbot）。我們很自然就聊起天來，雖然我提到達賴喇嘛讓他們有點意外和緊張（我能理解藏人對漢人的戒備）。年輕的堪布曾在中國佛學院和北京大學進修，能講中國話和英語。他用英語問我信不信karma（業），我說我現在有點信了，我希望善有善報，惡有惡報。

我在德里的「小拉薩」一間家庭式的藏餐館吃了午飯：一碟素食炒飯、一杯酥油茶。餐館門口的小桌就像一個雜貨攤，擺著中國產的醬油、辣醬、午餐肉罐頭和袋裝烹飪調料

（我也看到另一家攤子擺滿中國製造、圖案俗豔的塑膠或鐵皮開水瓶）。中國統治西藏半個多世紀，西藏人，尤其一九五九年拉薩起義後流亡國外的藏人，他們的飲食和生活習慣也多少有些中國化。中等個頭的餐館老闆年紀跟我差不多，濃眉大眼，身軀厚實。洛桑原籍西藏山南，二十多年前逃來印度，學會講英語，現在還是獨身。我問他在老家可有親人。有的，父母和兄弟姐妹，有的在政府做事。但他回不去，印度國籍也很難拿到，他是沒有國籍和護照的難民，前幾年只跟父母在尼泊爾見過一面。洛桑還有一個兄弟，後來也逃出西藏。「他是 high lama（高僧），現在美國。」

我正吃飯，洛桑又回客廳，手裡拿著兩面綢緞旗幟：印度國旗和西藏國旗。「今天是印度國慶。」洛桑一邊說，一邊把印度和西藏國旗打斜，用圖釘一左一右釘在牆上。

「印度是我的第二祖國。」洛桑說，很真誠。

「這是西藏國旗。」我指著雪山獅子旗，故意這麼講。

「對。這在西藏是不允許的。」他笑道。

我很少主動找人合影，但是我請洛桑跟我一起，站在前廳的達賴喇嘛像前合影留念。我倆靠得很近，相互摟著後背。這個渴望自由的西藏人，二十多年前逃來印度（我不好追問他的逃亡過程和隨後經歷，但我相信並非一帆風順），至今沒有國籍和護照，但他仍把印度當成自己的第二祖國。二十多年前，我也第一次走出紅色中國，但我至今無法找到可以棲身的第二祖國，我只能在內心流亡。

大概半個月後，我到了加德滿都。尼泊爾不僅有一萬五到兩萬名西藏難民，也是大多數逃亡西藏人的第一個落腳點。從一九五九年到一九八九年，尼泊爾政府承認「非法越境」的西藏人為難民，並給他們登記。一九八九年，尼泊爾跟中國修好，當時的國王不再讓西藏難民在尼泊爾永久居留。但是，根據聯合國難民高級專員（UNHCR）和尼泊爾政府的非正式「君子協定」（Gentleman's Agreement），尼國政府繼續允許西藏難民把尼泊爾當成前往印度的「安全通道」。[5]

如同印度，加德滿都也讓人愛恨交加：它的嘈雜，它的污染，它的混亂，它的貧窮，它的中世紀一般的神廟、宮殿、街巷和節慶，它的友善，它對國際背包客和觀光客的迎合……我吃驚於加德滿都有著亞洲最好的英文獨立書店（而且不只一家），我也吃驚於加德滿都各大「景點」和外國人居多的商業區幾乎變成中國的半個殖民地。尼泊爾的店員和小販在街頭用簡單中文跟你套著近乎（裝熟），中文店招和中文標籤隨處可見，惡俗中文

5 參見「人權觀察」組織（http://www.hrw.org）二〇一四年三月的報告《中國陰影之下：尼泊爾虐待西藏難民》（*Under China's Shadow: Mistreatment of Tibetans in Nepal*）。

跟隨中國「親們」大肆入侵（神馬、浮雲、妹紙、童鞋、閨密、親、萌、囧……）。在王宮庭院，一個中國「親」給幾個尼泊爾女學生拍完照，然後用普通話問對方：「你有微信嗎？微信。我把照片發給你。」這位「親」大概覺得全世界都應該用微信。在遊客集中的塔美爾區，一對中國「親」很努力，用普通話告訴計程車司機想去哪裡，可惜對方一頭霧水。在一家餐館，一個胖乎乎的中國「親」瞄了兩眼服務生遞過來的菜單，也用普通話抱怨：「沒有中文菜譜。」

不管你喜不喜歡，西藏難民和中國「親們」，兩者的人權都應尊重，可是兩者又像毫不搭界。然而，對比以下兩個資料，也許很有意思，不僅見出微妙關聯，借用流行詞語，也能「彰顯」現實政治的殘酷。今年九月九日的《加德滿都郵報》（*The Kathmandu Post*）有篇文章〈Ni Hao Nepal〉（你好，尼泊爾），根據尼泊爾旅遊部統計，去年共有八萬九千多名中國遊客到尼泊爾觀光，比前年增加百分之二十五，到了二〇二〇年，預計會有將近四十萬中國遊客來尼泊爾，這當然商機無限，財源滾滾。再看另一數據。今年三月，國際組織「人權觀察」公布了一份長篇報告《在中國的陰影下：尼泊爾虐待西藏難民》（*Under China's Shadow: Mistreatment of Tibetans in Nepal*）。這份報告指出，二〇〇八年拉薩示威之後，隨著中、尼兩國加強邊境「合作」，每年有幸來到尼泊爾（或是經由「安全通道」前往印度）的西藏難民人數急遽下降，從二〇〇八年之前的每年平均兩千二百人，到二〇〇九和二〇一二年的不足一千人，再到去年的一百七十一人。

然而，當我終於受不了加德滿都的污染、噪音和遊客區的商業化（包括中國化），當我來到遠郊的博拿佛塔（Bodhnath），住進一間西藏寺院開辦的簡樸客棧，我還沒讀到「人權觀察」這份報告，還不知道尼泊爾當局近年來屈從於中國壓力，違反國際慣例和前面提到的「君子協定」，強行攔截和遣返偷越國境的西藏難民，限制和監控住在尼泊爾的流亡藏人。

博拿佛塔是西藏難民在尼泊爾一大聚居地，也有不少藏傳佛教的寺廟。白天，成群結隊的外國觀光客從市區來到這裡，觀賞那尊歷史悠久的大型佛塔，鑽進佛塔周圍的遊客商店購物。黃昏，觀光客回到市區享樂，這裡卻是另一光景。西藏難民和僧侶圍著佛塔轉圈。很多人坐在佛塔下面一處空地集體誦經，要嘛五體投地不停跪拜。有的西藏老太太手拿尖嘴油壺，一邊轉圈，一邊給佛塔周圍的小小轉經輪加油。也有中年的西藏婦人拎著小桶，邊走邊給寄居佛塔的十來條野狗餵食。布施、惜生、慈善、積德、祈福，這是大多數西藏人的價值觀和世界觀，這跟拚命發展、拚命致富和拚命消費有著天壤之別。

悖論的是，在這個到處都是不公、歧視、迫害和暴力的世界，在這個崇拜貪婪、成功、名望和財富的人間，靠近居於弱勢的西藏難民，再度讓我內心安寧。每天黃昏，我跟著西藏難民繞著佛塔轉圈，凝視佛塔周圍一盞盞酥油燈。每天午夜和凌晨，我聽著寺廟鐘鼓和僧侶誦經入睡和醒來。我讀完兩本佛陀傳記，凱倫·阿姆斯壯（Karen Armstrong）的《眾生的導師佛陀——一個追尋菩提的凡人》（*Buddha*）、維沙瓦帕尼·布隆菲爾德的《佛陀傳》。我也認真想了想自己的精神生活。雖然我仍無宗教信仰，也不喜歡繁瑣的宗教儀式，但我發現，佛教讓我親近，因為總的說來，它很現代，很平等，也很理性。它沒有一個讓我難以接受、無所不能的造物主。它讓你明白，只要努力，人人都可真正解脫。四聖諦、八正道、皈依三寶，也許我現在依然不可能照單全收，但是身體力行佛陀傳下來的中道（the middle way）：訓練內心，時刻警覺，克服私心、貪婪、仇恨和無知，不再執著，摒棄自我（egotism）……現在開始並不算晚。

在博拿佛塔，我差不多每天都去 Khawa Karpo（卡瓦噶博，亦即梅里雪山之意）那裡吃一碗辣味湯麵。這家麵館起了一個很有印度或尼泊爾風味的店名：Khawa Karpo Tasty Noodle Factory。店鋪很小，門口懸著藏式門簾，只有本地人和西藏難民光顧，沒空調，也沒怎麼裝修，正中梁柱掛著達賴喇嘛像和前些年逃出西藏的十七世噶瑪巴像，牆上貼著英超和西甲球隊的合影，一台殘舊的小電視播著印度的板球賽，的確也像一家簡陋的麵條作坊：店鋪後方擺了一台鐵製切麵機，黑乎乎，彷彿中世紀宗教裁判所拷問異端的恐怖刑具。

Thugpa，這是麵條一詞的藏語發音。Khawa Karpo 的 thugpa 很棒，批發兼零售，然而有點中、藏混血。我坐在陳舊的長沙發上，看著三十來歲的西藏老闆煮麵，看他用中國產的建華香油和醬油兌調料，看他用一對又粗又黑的大木筷挑麵。一問，他果然來自四川的甘孜藏區，十七年前逃到印度。身材粗壯，像個農民，他來尼泊爾僅僅一年，之前都在印度。德里太熱了、太髒了，他用英語告訴我。他講不了中文，但是會講百分之七十的印地語，百分之四十的尼泊爾話，還有一點點英語。我給他看我在甘孜拍的照片。「Nice。回不去了。」他歎道。就像我在德里「小拉薩」見到的洛桑，他也獨身，至今也沒國籍和護照。

「尼泊爾入籍要給錢。」他用拇指捻著食指，比著給官員上供的可憐狀，然後撇撇嘴。「沒錢。」

「你喜歡足球？」我望著牆上那些大牌球星照。

「尼泊爾老停電，看球也看不舒服。」他抱怨道，點了一支菸，繼續盯著電視上的板球賽。

九月二日，我到博拿佛塔第三天，一大早，通往佛塔的大小路口站著身穿藍色迷彩服的尼泊爾男女警察，有的拿著警棍盾牌，有的端著槍。鐵馬擋道，所有行人，除了西方人和尼泊爾人，都要開包檢查，出示身分證或護照。走進佛塔周圍的人行道，商店門口和佛塔四周也有不少警察，如臨大敵，然而西藏難民安之若素繼續轉圈。走回路口咖啡店（我每天早晨在那裡喝杯咖啡），我跟尼泊爾中年老闆娘說起剛才也被警察開包檢查，她說：「警察顯然把你當成西藏人。」我問為什麼有這麼多警察，她支支吾吾。

回到客棧，每天坐在接待室的西藏老先生，正在讀一本英文的 coffee table book（咖啡桌書）。老先生是一九五九年拉薩起義後流亡國外的第一代西藏人。他很矜持，甚至高貴，一口不緊不慢的英語，胸口別了一枚達賴喇嘛的金屬像章。「今天是西藏的民主日。尼泊爾政府不准西藏人紀念。」老先生告訴我。

「達蘭薩拉可以紀念嗎？」我問。

「可以。西藏起義日，達賴喇嘛的生日，這些節日，尼泊爾的西藏人都不得公開紀念。」老先生有些憤懣。「印度政府很強勢，不像尼泊爾政府跟在中國政府的後面。」

這番話，也讓我第一次留意，不同於德里的「小拉薩」，我在博拿佛塔看不到雪山獅子旗和 Free Tibet 一類標語。根據上面提到的「人權觀察」報告，二〇〇八年後，西藏難民在尼泊爾的處境愈加艱難。每逢關於西藏的「敏感」日子，或有中國要人到訪，尼泊爾軍警都在西藏難民集中的地區戒備，或是短暫拘留黑名單上的西藏活躍人士。西藏難民的集會自由受限，他們的入學、就業、經商和旅行也受當局刁難。最近幾年，博拿佛塔曾有三起流亡藏人的自焚事件。最新一起是在去年八月五日，一位曾是僧侶、剛剛逃來尼泊爾的西藏人在此自焚身亡。尼泊爾當局只允許藏人社團在室內悼念，不得懸掛政治標語和口號。

尼泊爾當局近年來對西藏難民的強硬立場，當然離不開中國有形無形的政治施壓和經濟誘惑。「人權觀察」採訪了一位曾經任職尼泊爾政府的高級官員：「來自中國的壓力很大。這種壓力並不公開，但它實際存在。多年來，我目睹一名低級的中國官員怎樣跟尼方高層接觸。這完全不平等。尼泊爾沒有能力抵抗這一壓力。美國是國際社會唯一就此大聲疾呼的國家。」「人權觀察」也採訪了一位匿名的南亞高級外交官：「所以，你看到中國大使館的情報人員直接去到地區警察局，告訴他們要做什麼。禮儀上這不允許，但就是這麼做的。這是很粗魯的行為，當地的尼泊爾警察很反感。但是他們無能為力——這種行為很容易就能嚇唬他們。這很無禮，中國人會對著當地官員吼叫。」

整整兩天，從早到夜，尼泊爾警察都在博拿佛塔的周圍戒備。可憐的西藏人，可敬的西藏人，繼續繞著佛塔轉圈，手握佛珠，默默念誦，跪拜，祈禱，轉經，就像什麼也沒發生，就像不知道，除了同情和幾聲微弱的抗議，這個世界（尤其「國際社會」）對他們的苦難早已漠然。

第二天黃昏，佛塔前面有個盛大的宗教儀式，僧人坐在地上，擊鼓吹號，念誦經文。信眾和遊人把一張張不同面額的鈔票捐給寺院或僧人，把一包包炒米、餅乾和糖果交給僧人放在圈內，壘成一個小堆。晚上大約八點，儀式結束。主事僧侶敬完廟內神祇，再把地上堆滿的各類食物和部分鈔票分給圍觀者，其中不少身為印度教徒的尼泊爾窮人，早已拎著塑膠袋等在那裡。然後，每晚拎著香爐晃來晃去的那位中年僧人走出寺廟，繞塔一圈，像是要用縷縷松香驅走看不見的妖魔。

三

讀西藏現代史，你發現地緣政治和現實政治的小算盤，怎樣一步一步讓西藏走向深淵。一九五〇年中國入侵西藏前夕，印度，西藏的另一大近鄰，並未施以援手。印度總理尼赫魯很天真，覺得可以用印度在國際事務上對紅色中國的諸多支持來勸說北京退兵。北京政權脅迫西藏人簽署「和平解放西藏」的十七條協定之前，絕望的拉薩政府曾向聯合國求助，然而印度、英國和美國反應消極，致使西藏問題被「國際社會」擱置。

一九五九年三月拉薩起義前後，出於冷戰需要，美國才暗中支持西藏抵抗組織（CIA負責培訓康巴游擊隊員並且提供少量軍事援助）。印度雖然接受達賴喇嘛的流亡請求，但是，不顧國內反對黨和民間對西藏的廣泛同情和支持，尼赫魯繼續騎牆，不願因為西藏而犧牲跟中國的「友好關係」，而且勸說西方國家不要支持達賴喇嘛。當西藏人再度向聯合國求助，西方國家也各有小算盤，害怕西藏問題開了先例，讓他們殘餘的殖民地也向「國際社會」要求民族自決。只有一九六二年中印戰爭之後，印度政府對達賴喇嘛和流亡藏人的態度才有了根本轉變，最終鼓勵達賴喇嘛成立西藏流亡政府，「建都」印度西北喜馬拉雅山麓喜馬偕爾邦（Himachal Pradesh）的達蘭薩拉。

就像幕府時代的日本和自認天朝的滿清，西藏的悲劇，也跟西藏人置身世外的駝鳥心態不脫干係。十九世紀末葉，英國想就「國際貿易」事項跟拉薩政府接洽。英屬印度總督給十三世達賴喇嘛多次去函，然而後者連拆都不拆，就把這些信原封退回，最終導致英國總督派遣遠征軍直搗拉薩，迫使西藏人在一九〇四年簽下羞辱的英藏協約。從滿清覆滅到一九五〇年，西藏享受了一段難得的事實獨立。十三世達賴喇嘛也曾痛定思痛，著手改革與現代化，譬如成立新軍，交給英印訓練，加入國際郵政組織，聘請英國人主理江孜開辦的英語學校。這些新政受到保守的貴族和僧侶階層抵制。上個世紀二〇年代中，十三世達賴喇嘛被迫把改革派降職，關閉英語學校。西藏再度把頭埋進沙堆。等到中國人民解放軍進攻西藏東部的昌都，一名西藏官員用無線電跟拉薩政府聯絡，但是對方回覆，高官正在野餐，不得攪擾。「去你媽的野餐！」這是拉薩和昌都最後一次通話。

西藏從此「回到祖國懷抱」。一九七〇年代，尼克森和北京握手言歡，美國不再援助以尼泊爾為基地的西藏游擊隊，也不再談及西藏人民的「民族自決」。要到一九八九年，達賴喇嘛獲得諾貝爾和平獎，這個世界或「國際社會」，才會再度廣泛關注、同情和支持西藏（依然限於道義和人道援助）。然而，不論「中國西藏」還是流亡西藏，都已今非昔比。前者遭受的苦難和繼續遭受的壓制讓世人不安，後者也已脫胎換骨。西藏流亡政府制定了民主憲法，流亡藏人有了民主選舉，達賴喇嘛則成為「國際明星」和國際暢銷書作家，不再像初訪美國時對著聽眾大談艱深佛法，而是弘揚普世道德觀。他公開說自己不是活佛（因為他看錯濫殺無辜的歐姆真理教），他要西方信眾不必信佛，而是選擇適合自己的宗教，他還說信不信教也不重要（「寺廟並不需要，也不需要複雜哲學。你的內心就是寺廟」），他甚至聲稱，就連達賴喇嘛將來也可投票選出。當然，他的最大讓步或妥協，是在一九八八年的史特拉斯堡歐洲議會發表聲明，放棄西藏獨立，承認西藏為中國領土，但是要求真正自治。

這一主張來自高超的政治智慧和現實主義的考量，但是並非所有西藏人都能接受（本文前面提到的印裔美國作家皮科．艾爾，就在書中寫到激烈批評達賴喇嘛的流亡藏人）。習慣操控一切的北京，就連彈丸之地的香港選舉都要動手動腳，更不可能讓西藏人真正自治。儘管上個世紀末葉，尤其胡耀邦時期，北京對西藏的政策一度寬鬆，但是強硬路線漸趨上風。中國在新世紀的「崛起」，也讓北京不再理會「國際社會」的批評。即使身在沒有新聞自由和言論自由的「中國內地」，點開中國西藏新聞網的「西藏各地慶祝百萬農奴翻身解放五十五週年」專題報導，讀著以下這類文字：「五十五年前，西藏推翻了政教合一的封建農奴制度，實現了民主改革，取得了人類文明史上的偉大進步。」「讓廣大群眾認清十四世達賴集團分裂祖國、破壞民族團結和西藏各族人民安定幸福生活的反動本質，更加珍惜來之不易的幸福生活，自覺行動起來，築牢維護穩定的堅強防線。」——我的感覺也像時光倒流，彷彿回到文革前後的中國。

不同於中國政府的宣傳，近年來，國際傳媒和西藏流亡政府關於西藏的諸多報導和聲明，尤其不斷增加的藏人自焚，幾乎都讓人沮喪甚至難過。達蘭薩拉去年一月公布的一份白皮書《西藏為何燃燒》（*Why Tibet is Burning...*），引用了在「中國西藏」的藏族知識分子和幹部之間流傳的一則政治笑話：「最初十年（一九五〇至六〇年），我們沒了土地。第二個十年（一九六〇至七〇），我們沒了政治權力。第三個十年（一九七〇至八〇），我們沒了文化。第四個十年（一九八〇至九〇），我們沒了經濟。」這份白皮書把這幾年的藏人自焚歸咎於中國在西藏的「政治壓迫、文化同化、經濟邊緣化、社會歧視和環境破壞」。中國政府則把「幕後黑手」定為「分裂祖國的達賴集團」。

因為從未踏足政治西藏，對人種誌西藏認識也很膚淺，我不敢完全認定任何一方的指責，但我能夠感受到不少西藏人（包括流亡藏人）的沮喪、焦慮和絕望。借用柯林頓當年訪問中國所說，西藏人也站在歷史的正確一方，但是達賴喇嘛日漸老邁，「國際社會」的同情和支持並無實效，北京的強硬立場並未因為藏人抗爭而有軟化，真正的西藏（政治、社會、文化、經濟、宗教）也在迅速改變（我在甘孜遇到一位在成都學藏語的芬蘭女子，她告訴我，當代藏語跟傳統藏語有不少差異）。時間，似乎並未站在西藏人的一方。

然而有一點尚未改變，無論北京在經濟上對「中國西藏」如何慷慨，無論達賴喇嘛不求獨立、只求自治的「中間道路」怎樣引起藏人爭議，大多數西藏人依然把達賴喇嘛視為不可替代的精神領袖和政治領袖（強迫西藏人譴責達賴喇嘛，也許等於強迫天主教徒辱罵教宗）。[6]在相對寬鬆的四川甘孜藏區，我去過的那家藏餐館，「公然」掛著達賴喇嘛的大幅照片，寺院佛壇也供著達賴喇嘛像。在加德滿都的博拿佛塔，一個英俊的年輕藏人，每天都在佛塔下方虔誠跪拜。在成都的「小拉薩」，兩個年輕的西藏僧人坐在街邊乞討，然而方式獨特：他們搖頭晃腦狂誦經文。沒有任何信仰的大多數中國「親們」，或許可用金錢收買和軟化，可以沉迷風花雪月、吃喝玩樂，篤信佛教的西藏人卻很難用物質主義同化，並非後者不希望離苦得樂，而是西藏人和中國人有著完全不同的文化、價值觀、生活方式和身分認同，就像油和水，你無法把它們攙在一起，哪怕你覺得自己的動機無比高尚。

四

跟達賴喇嘛相識三十多年的作家皮科．艾爾寫道，他在達蘭薩拉目睹的最感人一幕，

6 梅．戈爾斯坦在《雪山獅子和龍》一書中寫道，上個世紀七〇年代末、八〇年代初，應中國政府邀請，達賴喇嘛先後派出三個代表團回西藏考察。在青海，代表團受到藏民狂熱歡迎。北京很尷尬，擔心代表團去到拉薩不知還會怎樣。但是，當時的西藏自治區黨委書記任榮讓北京放心，因為拉薩人民更有政治覺悟。代表團來拉薩前，拉薩市的居委會勸說「群眾」應該禮貌待客，不要因為仇恨「舊社會」而向達賴喇嘛的代表團扔石頭吐口水。結果，拉薩「群眾」對代表團的歡迎遠遠超過青海。成千上萬的拉薩市民湧向代表團，很多人哭喊，跪拜，敬獻哈達，爭著觸摸達賴喇嘛的兄弟，有的高喊「西藏獨立」、「漢人回家」的口號。

是在一九八八年西藏新年，達賴喇嘛接見剛剛到來的幾十個西藏人。這些衣衫襤褸的藏人，冒險來到這裡，只是為了跟達賴喇嘛見上幾分鐘，有的人還得回去，再也不會來印度。「達賴喇嘛進到房間時，整個地方像在啜泣顫抖。轉瞬之間，幾乎所有在場的人都在哭泣、抽搐，對於其中有些人，也在釋放內心積蓄了三十多年的所有情感（希望、恐懼、憂慮和解脫）。這人（達賴喇嘛）坐在他們面前，看著他們，眼神敏銳專注，在他面前的這些成年人，沒有一個敢抬頭看他。」達賴喇嘛後來告訴作家，儘管悲傷可以控制，但是，看到他們把所有希望寄託給他，看到他們遭受的痛苦，他也常常流淚。

雖然我有一本垃圾護照，不必像普通藏人那樣歷經艱苦，從德里到達蘭薩拉，還是得坐整整一夜汽車。黃昏，我們離開德里市區，一直在平原疾駛。午夜過後，空氣潮潤，在一個加油站最後休息十來分鐘，汽車漸漸爬上彎曲山路，我跟車上的印度人、西藏人、以色列人、美國人和歐洲人一起漸入夢鄉。

一覺醒來，天已大亮，遍山松林，薄霧遊走。我們停在山腰一處空地，印度的吉普車、三輪摩托車和計程車司機高聲兜著生意。一條灰撲撲的狹窄柏油路彎向幾步之遙的上方小鎮。時辰尚早，岔路口的各類商店還沒開門，只有幾個賣早點（西藏 momo，類似中國蒸餃）的小販和探頭探腦的西方旅人。達蘭薩拉。僧人帕登嘉措（Palden Gyatso）在「中國西藏」蹲過三十一年監獄，他的回憶錄《雪中火焰》（*Fire Under the Snow*）這樣寫道：「在獄中，我們低聲念著達蘭薩拉的名字，生出敬畏。」但是乍眼一看，除了路口一家 Pizza Hut（必勝客）和德里這類大城才有的咖啡連鎖店 Coffee Day，達蘭薩拉跟印度的偏遠小鎮沒有太大區別。

一身疲憊，我在鎮上幾條狹窄的泥土路、石板路和瀝青路上來來回回，不論當街還是背街，每家客棧爆滿，尤其藏人開的旅店。一個身穿素淡 chuba（藏人服裝）、舉止文雅的中年西藏女人見我無奈，把我帶到一家印度人開的賓館：只剩沒窗戶的憋悶房間。另一家印度人開的高檔賓館很多空房，但是價格奇高。我來得太巧：今天是達賴喇嘛三日佛法講座的第一天。

將近八點，達蘭薩拉幾條路上很快人潮洶湧，幾乎朝著一個方向：Temple Road 盡頭的大昭寺（Tsughlakhang，達賴喇嘛的居所也在那裡）。胸前戴著通行證的西藏人（僧侶、俗眾）、西方人、日本人、韓國人、台灣人和香港人，拿著筆記本，拎著摺疊軟墊，手握可以收聽同聲口譯的袖珍收音機。寺院門外，靠近李察・吉爾（Richard Gere）捐贈的公共廁所，幾個印度警察站著維持秩序，西藏和印度小販賣著早點茶水，幾個印度乞丐也已「開工」。從我下車，將近兩個小時過去，講座早已開始，我總算住進一家陳舊的印度客棧。

草草安頓，我很快出門，又到大昭寺。還在門外，我就聽到喇叭傳來達賴喇嘛的渾厚嗓音，迴盪山谷；他正用藏語說法。登上寺廟旁邊的二樓，幾十個西藏人在辦講座的通行證。還好，外國人和西藏人分別辦理。擠到桌前，填表，電腦照相，出示護照（我很擔心也很尷尬我的PRC護照），奉上十盧比工本費（大約等於一塊人民幣），我順利拿到通行證。回到會場門口，經過印度警察和西藏流亡政府安全人員的開包檢查和搜身（不得攜帶任何攝影器材、易燃物品和刀具），我終於入內。

Tsuglhakhang，藏語又叫Jokhang，亦即大昭寺。這是拉薩大昭寺的「流亡版」，但它外表現代，就像一座中型體育館，幾根鋼架撐著巨幅白色帆布，懸出寺院前方。台階下方的林間空地，背對達賴喇嘛的兩層居所（就像一家中檔旅館），各國聽眾席地而坐，對著幾幅液晶螢幕。我步上殿堂，地上也坐滿聽眾：除了西藏人和零散的外國人，日本、台灣、韓國、泰國和葡萄牙的信眾比鄰而坐，負責口譯的各國譯員坐在前排忙碌。裡裡外外，估計三、四千人。正中講壇，高高在上、年近八旬、藏人心中大慈大悲的菩薩、北京眼裡「披著僧袍的狼」，達賴喇嘛侃侃而談，不時呵呵而笑。肩掛老式步槍的印度警察站在角落，並未阻止像我一樣湊近的幾個外國聽眾。我站在過道端詳，距離達賴喇嘛不過二十來米；

他偶爾也朝這邊望望，似乎也在好奇，怎麼會有閒人晃蕩。隨後，我走到講壇後方，靠著圍欄盤腿而坐，平心靜氣。

毫無準備（沒有收聽同聲口譯的收音機，也不知道講座主題），我沒久留，出去看了陳列簡單的西藏博物館（最有意思的展品，當數中國軍警折磨藏人的電棒、手銬一類器具，據說是從西藏偷偷帶出）。[7]大昭寺門內，斜對博物館，還有一座海外華人捐贈的黑色大理石紀念碑（Tibetan National Martyrs' Memorial）和自焚藏人雕塑，今年三月落成，有些粗糙。雕塑下方，一塊藏、英、中對照的銘牌：燃燒的西藏（一九九八至二〇一三），列出藏地自焚的一百二十二位藏人姓名。[8]臨街圍牆，一側掛著被中國當局軟禁的十一世班禪喇嘛照片（World's Youngest Political Prisoner: Missing Since May 17, 1995），另一邊則是立場激進的西藏青年大會（Tibetan Youth Congress）製作的宣傳牌 Sacrifice of Life for Tibet

7 在獄中飽受折磨的僧人帕登嘉措寫道，逃出西藏前，他找人暗中搜集了這類二手的「警用器械」。上路時，除了衣物，他的包裡還裝著電棒、警棍、匕首和手銬。我看到的這些展品，也許就有帕登嘉措的「貢獻」。

8 根據西藏流亡政府最新統計（tibet.net/factsheet-immolation-2011-2012），從二〇〇九年二月至今，西藏內外共有一百三十二名藏人自焚，其中男性一百一十二名，女性二十名，人數最多的年份為二〇一二年，共有八十五名。流亡政府去年一月公布的白皮書《西藏為何燃燒》表示：「我們繼續呼籲，不要採取激烈行動，包括自焚，因為生命寶貴。」

（為西藏犧牲生命），都是自焚藏人照片，其中三十多位只有空白，世人連他們的相貌也不清楚。

達賴喇嘛的三日講座（限於每天上午），是在講解西元八世紀印度高僧寂天（Shantideva）的《入菩薩行》（*A Guide to the Bodhisattva Way of Life*）。這本經典闡述菩薩道：寬容、道德訓練、耐心、熱忱、冥想和智慧。一九九三年，達賴喇嘛在美國講經，專門論及該書第六章：憤怒，怎樣毀滅人的一生德行。那次講座結集成書：《平心靜氣：達賴喇嘛談愛、慈悲與容忍》（*Healing Anger*），我這兩年讀了兩遍，受益太多。第二天和第三天早晨，當我買好袖珍收音機，跟在場幾千人一道，望著達賴喇嘛走出大昭寺對面的居所，步上台階，登上講壇，同步口譯的講座卻讓我費解。坐在林間地上，我從英文換到中文，又從中文換到英文，依然難得要領（相對而言，中文口譯太多「行話」，要比英文晦澀），雖然我知道他在講「無我」、「無常」，在講他跟西方物理學家和心理學家的切磋。《入菩薩行》我早有英譯本，我後悔這幾年沒有認真讀過。

愚昧如我，更有啟發也許還是現場：當達賴喇嘛走過林間，一個面容姣好的白人女子，身穿素色chuba，就像所有西藏人一樣，低眉，合掌，躬身。講座剛剛開始，一個中年藏人，對著講壇不停跪拜。一個中年西方女人，一邊戴著耳機，一邊核對《入菩薩行》

的英譯本。一個白人青年一直盤腿端坐，不時寫著筆記。一個西藏老者，膝上攤開一疊沒有裝訂的藏文傳統經書，不時翻閱。幾個沙彌拎著茶壺紙杯，穿梭人群，不停給大家續著奶茶。兩個年輕僧人拎著口袋，不停派發藏式烤餅。到處都有西藏男女，把早已買好的盒裝牛奶放進僧人拎著的桶裡，這是信眾的利他奉獻：你受益，但也付出，就像講座開始前喇叭傳出優美女聲的英文吟誦（出自《入菩薩行》）：

For as long as space endures
And for as long as living beings remain,
Until then may I too abide
To dispel the misery in the world.

只要宇宙繼續
只要生命存在，
我願常駐
驅散世間痛苦。

海拔一千七百多米（僅為拉薩一半），達蘭薩拉現有八萬多西藏難民。十九世紀中葉，英國人在此設立軍營，一九〇五年地震後，這裡再度荒廢。準確說來，西藏難民聚居的小鎮名為麥羅甘吉（McLeod Ganj），又叫上達蘭薩拉（Upper Dharamsala），有別於相距不遠、海拔較低的印度小鎮下達蘭薩拉（Lower Dharamsala）。作家皮科．艾爾寫道，很多人覺得，一九六〇年，尼赫魯讓達賴喇嘛定居麥羅甘吉，是想讓西藏人遠離外界視線，當然這只是猜測。但在印地語中，dharamsala，意為朝聖者的庇護所或旅舍。西藏人信奉的佛教來自印度。一九五九年，佛教在西藏面臨滅頂之災，成千上萬的西藏人跟隨達賴喇嘛逃出雪域，也許就像猶太人跟著摩西出埃及，又像孤立無援的朝聖者來到佛陀弘法的故土尋求庇佑。

因為達賴喇嘛和西藏難民，達蘭薩拉的簡陋街道和地處偏遠只是表象。中午，講座散場，鎮上有了生氣。各類商店都已開門：西藏人和印度人的工藝品店，雜貨鋪、小超市、洗衣店、餐館、網咖、咖啡館，多如牛毛的旅行社，水準不俗的幾家小書店……這裡既是另一個「小拉薩」，也是加德滿都遊客區的迷你版，但更自由，更政治，更有靈性，也更cosmopolitan（都會），因為印度政府對西藏難民有更多同情寬容，因為西藏的宗教和文化在這裡不受禁錮真正延續。西藏流亡政府安全處、西藏青年大會和其他組織、難民學校，還有各類ＮＧＯ，散布彎曲而又起伏的小街。你在達蘭薩拉可以聽到各國口音，見到各色人等：同情西藏的西方志願者、忙著購物的台灣師奶、一身絳紅袈裟的西方喇嘛和尼姑，待得無聊的以色列女子、到此一遊的印度客、對著寺廟壁雕大讚「都是金子」的四川老和尚，或許，還有隱姓埋名的中國間諜。

雨季已過。每天上午，達蘭薩拉天清氣朗，一到下午卻又雲蒸霧騰，氣溫驟降，不時細雨。第三天午後，聽完最後一日講座，我把袖珍收音機送給住處附近的藏餐館中年老闆娘，我是那裡的「常客」，也在大昭寺會場見過她。「今天的講座有點難。」她用英語說，接過收音機：「明年再來。」她知道我是中國人，但她很客氣，就像明白我的尷尬身分，就像瞭解我在努力贖罪。

夜裡，我站在街邊，跟一個將近三十的西藏青年聊天。我倆相識很偶然，兩個印度警察走進我住的客棧調查一起糾紛，我和西藏青年因此搭話，愈聊愈多（想到西藏人對中國人常有的戒備，我隱瞞了自己的身分）。[9]他是第三代難民，印度出生，拿到印度國籍，

9 一九八〇年代中期，英國人卡崔歐娜．巴斯曾在拉薩教書一年多，她的回憶錄《人在西藏》（我在加德滿都的朝聖者書屋購得這本印度版的小書），站在第三者角度，對藏人和漢人的關係有不少微妙觀察，尤其她寫道，個別相對開明的「援藏」中國知識分子，「他們很敏感，想要瞭解西藏人及其文化，想要對方接受，面對的卻是藏人的不斷懷疑和拒絕」。

中學畢業，有個出家的弟弟。就像我在尼泊爾博卡拉遠郊的西藏難民營遇到的那位西藏中學生，他也講得一口流利的印地語和熟練英語。他沒工作，暫時這麼閒著，因為工作不好找。他說有些印度警察很壞，常常刁難和敲詐西藏難民，哪怕你有合法身分。我問他有沒有回過西藏。沒有，他從沒回過西藏，他想等到西藏自由的那天再回去。Free Tibet，他說，信心滿滿，但他並不主張暴力，他希望西藏人和平抗爭，讓西藏得到自由。

他也許看得到這一天。[10]

二〇一四年十二月

10 本文剛剛定稿，我讀到BBC採訪達賴喇嘛的一篇報導。昨天（十二月十七日），七十九歲的達賴喇嘛在羅馬表示：他也許是最後一位達賴喇嘛。在他身後，是否還有新的達賴喇嘛，這要取決於西藏人民。要是下一位達賴喇嘛很愚蠢，那會很可悲。所以，趁著現在這位達賴喇嘛廣受歡迎，最好終止這一延續數百年的傳統。我不知道這一宣稱是否當真。半個多世紀以來，西藏之所以廣受世人同情和支持，這跟十四世達賴喇嘛的人格魅力和巨大影響息息相關。雖然達賴喇嘛前些年已把政治權力移交民主選舉的流亡政府總理，沒了達賴喇嘛的西藏事業，將會更加艱難。

國家圖書館出版品預行編目資料

跟緬甸火車一起跳舞 / 周成林著. -- 初版. -- 臺北市 :
大塊文化, 2017.06
面； 公分. --（mark ; 132）
ISBN 978-986-213-800-7（平裝）

1. 旅遊文學 2. 東南亞

738.09 106007308